Elizabeth Clare Prophet

Seelenpartner & Zwillingsseelen

Seelenpartner & Zwillingsseelen

Die spirituelle Dimension der Liebe und unserer Beziehungen

ELIZABETH CLARE PROPHET

Aus dem Amerikanischen
von Andrea Fischer

SILBERSCHNUR

Seelenpartner und Zwillingsseelen
Die spirituelle Dimension der Liebe und unserer Beziehungen

This book was originally published in English and printed in the U.S.A. This German edition is published under the terms of a License Agreement between Verlag "Die Silberschnur" and Summit University Press.

Originaltitel: *Soul Mates and Twin Flames - The Spiritual Dimension of Love and Relationships* from the Pocket Guides to Practical Spirituality Series by Elizabeth Clare Prophet

Contact:
Summit University Press
63 Summit Way, Gardiner, Montana 59030, U.S.A.
Tel.: 406-848-9500 - Fax: 406-848-9555 - E-Mail: info@summituniversitypress.com
Website: http://www.summituniversitypress.com

Katalognummer im Library of Congress Catalog: 2001096848
ISBN: 0-922729-48-4
SUMMIT UNIVERSITY PRESS

Gestaltung der Seite gegenüber von Seite 1: Raphael Lopez

ISBN: 978-3-89845-126-0

1. Auflage 2006
2. Auflage 2006
3. Auflage 2007

Übersetzung: Andrea Fischer
Lektorat: Achim Niermann
Gestaltung & Satz: XPresentation, Boppard
Druck: Finidr, s.r.o., Cesky Tesin, Tschech. Republik

Verlag "Die Silberschnur" GmbH · Steinstr. 1 · D-56593 Güllesheim
www.silberschnur.de · E-Mail: info@silberschnur.de

Inhaltsverzeichnis

"Mein Freund ist mein,
und ich bin sein."

Das Hohelied Salomos 6,3

"Ich will aufstehen und in der Stadt umgehen
auf den Gassen und Straßen und suchen,
den meine Seele liebt.
Ich suchte; aber ich fand ihn nicht.
Es fanden mich die Wächter,
die in der Stadt umgehen:
'Habt ihr nicht gesehen, den meine Seele liebt?'
Da ich ein wenig an ihnen vorüber war,
da fand ich, den meine Seele liebt.
Ich halte ihn und will ihn nicht lassen."

Das Hohelied Salomos 3,2-4

HOLLYWOOD

Das Traumpaar – gefangen im Netz des Karmas

Die Geschichte von *Jeanette MacDonald und Nelson Eddy*

"Liebste, Liebste, Liebste," sang Nelson Eddy. Da erklang aus den hintersten Reihen des Theaters die Stimme einer Frau, die in seinen Gesang zum Duett einstimmte. Das Publikum im bis zum letzten Platz besetzten Theater wandte sich erstaunt um. Sie kam den Gang herab und gab ihm singend Antwort. Am Ende des Liedes stand sie auf der Bühne und schaute ihm in die Augen. Das Publikum erhob sich und klatschte begeistert Beifall. Sie war in acht Filmen seine Partnerin – Jeanette MacDonald. "Ihre Liebe war für alle offensichtlich", erinnert sich Frank Laric, der in der dritten

Reihe saß. Nelson hatte nicht einmal gewusst, dass sie in der Stadt war. "Wo kommst du denn her?", fragte er sie, während das Publikum wild applaudierte.

"Ich bin heute Nacht angekommen", sagte sie. Er lud sie zum Abendessen ein. Anschließend sangen sie gemeinsam den "Liebesruf der Indianer".

In diesen magischen Momenten und in anderen, die in Theatern quer durch die ganze Nation nachgespielt wurden, entdeckte Amerika zwei Zwillingsseelen.*

Es war Sommer des Jahres 1941. Sie waren das perfekte Paar und sogar weit mehr - Zwillingsseelen im wahrsten Sinne des Wortes, zwei Herzen im 3/4-Takt. Obgleich ihre romantische Liebesbeziehung im Mai erblühte, durften sie niemals die Früchte ernten.

Ihre Liebe auf der Bühne zu sehen, sie aus ihren Duetten herauszuhören, während ihre Augen einander und auch der ganzen Welt den Schmerz einer verbotenen Liebe spiegelten - das hat nicht nur eine Generation von Amerikanern erlebt, die in diese besondere Liebe eines

* Zwillingsseelen sind Seelen, die von Anbeginn an gemeinsam geschaffen wurden, zwei Hälften eines göttlichen Ganzen. Siehe Seite 55 bis 60.

Zwillingsseelen-Pärchens eingeweiht wurden. Wenn es heute auch nicht mehr viele Menschen gibt, die sich hinsetzen und Jeanettes und Nelsons Arien anhören, so verbreiten ihre Musik und besonders ihre Filme doch einen zeitlosen Charme, der sich vom faden Kitsch ihrer Drehbücher und Dialoge abhebt. Dieser Charme mit seiner Anziehungskraft, diese mysteriöse Ingredienz, ist die Liebe, die jeder sucht, die jedoch nur wenige finden - in der Vereinigung zweier Zwillingsseelen.

Dennoch waren sie gezwungen, diese Romanze des wirklichen Lebens vor der Welt zu verbergen. In der offiziellen Filmgeschichte und in den Fanzeitschriften wurde ihnen eine lose Freundschaft quittiert, wo es auch manchmal Streit gab - zwei Menschen, die glücklich mit anderen Partnern verheiratet waren.

Diese Geschichte wäre auch für immer so geschrieben gewesen, hätte es nicht die Bemühungen von Sharon Rich und Diane Goodrich gegeben, die 1979 ihr Buch "Farewell to Dreams" ("Ade, du schöne Traumwelt!") veröffentlicht haben. Sie stellten die Beiträge in diesem Buch nicht aus den windigen Berichten der

Dies ist kein offizielles Foto. Es zeigt ihre Liebesbeziehung im wirklichen Leben, als Nelson, alle Vorsicht in den Wind schlagend, Jeanette in den Arm nimmt, um ihr zum Geburtstag zu gratulieren.

Boulevardpresse zusammen, sondern auf Grund der Aussagen von Nelsons und Jeanettes Freunden, Nachbarn und Verwandten, die letztendlich einwilligten, die Wahrheit zu berichten, sowie Erzählungen von Türstehern, Zimmermädchen und anderen, die weitere Einzelheiten und unterstützendes Beweismaterial beitrugen. "Jede Zeile in diesem Buch", sagt Sharon, "ist ein authentisches Zitat, das uns jemand so wortgetreu wie möglich wiedergegeben hat."

Sharon und Diane deckten auf, dass das Filmstudio sowie Nelson und Jeanette selbst die Affäre massiv vertuscht hatten. Das Paar hatte seine Freunde auf die Geheimhaltung eingeschworen. Man fand heraus, dass sie in der Tat heftig verliebt waren, viel tiefer, als jeder Filmheld, den sie jemals darstellen sollten. Diese Romanze umfasste eine Zeitspanne von 30 Jahren.

Doch Jeanettes Ehrgeiz, ihre zeitweise heftigen Temperamentsausbrüche sowie eine merkwürdige Verstrickung mit Menschen und unglückliche Verkettung von Umständen hielt sie ihr ganzes Leben lang auseinander. Es scheint also, dass die Dinge nicht immer glatt verlaufen, auch wenn man seine Zwillingsseele gefunden hat.

Ihre Lebensgeschichte ist eine Tragödie zweier Zwillingsseelen. In ihr steckt eine Warnung verborgen, die wir bei unserer Suche nach der perfekten Liebe beherzigen sollten: Wenn es uns nicht gelingt, unser negatives Karma zu überwinden, werden wir niemals in der Lage sein, perfektes Glück zu erleben, ganz gleich, ob wir unsere Zwillingsseele finden oder nicht.

Natürlich beginnt die Geschichte von Sharon und Diane wie im Märchen: Liebe auf den ersten Blick, oder zumindest ein sofortiges Wiedererkennen. Jeanette blätterte mit ihrer Schwester eine Zeitung durch, als ihr Blick an einem Foto hängen blieb. "Wer ist denn das?", fragte Jeanette und forderte sie auf, nochmals zu einer bestimmten Seite zurückzublättern. In diesem Augenblick wusste sie, dass sie sich aufmachen musste, um Nelson Eddy singen zu hören.

Nelson sah bzw. vielmehr hörte Jeanette zum ersten Mal in den MGM-Studios, mit welchen sie beide einen Vertrag hatten. Er hatte 1933 als erfolgreicher Opernsänger und - wie es für die damalige Zeit für junge, hübsche Opernsänger üblich war - als Sexsymbol unterzeichnet. Seine Fans, meist Frauen, vergötterten ihn wie einen Rockstar und rissen ihm nach den Konzerten manchmal sogar die Kleider vom Leib.

Nelson folgte ihrer bezaubernden Stimme in einen Tonstudioraum hinein, wo sie gerade den Film "The Merry Widow" ("Die glückliche Witwe") drehte. Als er sie so auf der Bühne beobachtete, verliebte er sich in sie. Sie entsprach genau dem Bild der Frau, von der er immer geträumt hatte. Einige Tage später lud er sie zum Essen ein. Sie sagte zu, jedoch nur zögerlich, da sie sich nicht in eine Affäre hineinziehen lassen wollte, mit der sie ihre Karriere aufs Spiel setzen würde. Doch im Verlauf ihrer Romanze wuchs ihre Liebe immer mehr. Nelson löste bei ihr, der 30-jährigen Filmschönheit, ein Gefühl wie beim ersten Rendezvous aus. Sollte das Märchen, das sie auf der Leinwand so viele Male gespielt hatte, nun für sie Wirklichkeit werden?

"Er küsste mich auf eine unvergleichliche Weise", erzählte sie ihrer Mutter. "In seiner Nähe fühle ich mich herrlich beschwingt. Wenn er dich anschaut, gibt es niemanden mehr sonst, nur dich."

An ihrer Romanze lassen sich noch andere unverwechselbare Kennzeichen einer Beziehung zwischen Zwillingsseelen ablesen, die berichtet werden. Ihre Liebe überstieg bei weitem eine bloße magnetische Anziehung - sie zeigte sich in all ihren Lebensbereichen. Wenn sie gemeinsam auftraten, besaßen sie eine Ausstrahlung, die sie allein nicht hatten. Diejenigen Filme, die sie ohne den anderen gedreht hatten, sind meist unbedeutend, so dass sie in Vergessenheit geraten sind. Doch gemeinsam waren sie in der Lage, aus ihrem inneren Potenzial zu schöpfen, wie es Zwillingsseelen vermögen, die beisammen sind. Diese Filme brachen jeden Kassenrekord.

Ihre Ausstrahlung auf der Bühne, ihre wahrhaftige Liebe und das heute erst offen gelegte Pathos ihrer Trennung machte die acht Filme, die das Team MacDonald/ Eddy zwischen 1935 und 1942 produzierte, zu den ergreifendsten Liebesgeschichten, die Hollywood jemals verfilmt hat.

Ihre Popularität ist zeitlos. MGM veröffentlichte Ende der 50er und Anfang der 60er Jahre mehrere ihrer Filme und brachte kürzlich sogar drei von ihnen als

Video heraus. Ihre treuen Fans, jung und alt, scharen sich heute noch um ihre drei Fanklubs - einer von ihnen ist der älteste Fanklub der Welt.

Ihre Liebe schwand nicht dahin, als sie mit den Jahren körperlich alterten. Für ihn sah sie immer noch so aus wie bei ihrem ersten Treffen. "Wahre Schönheit kommt aus der Seele", sagte Nelson 1958. "Der Körper ist nur eine Hülle. Es stimmt schon, dass er älter und zunehmend erschöpfter wird. Doch die Person selbst ist es, die Schönheit ausstrahlt - oder auch nicht. Daher werde ich mich bis zu meinem letzten Tag um Miss MacDonald kümmern." Jeanette spürte seine Liebe. Sie erstrahlte stets wie ein Glühwürmchen, wenn er in ihrer Nähe war, und wurde ein anderer Mensch.

Ihre unsterbliche Liebe, ein weiteres Merkmal von Zwillingsseelen, reichte weiter als dieses eine Leben, zumindest war dies ihre Überzeugung.

Sharon und Diane fanden heraus, dass beide an die Reinkarnation glaubten. In den dreißiger Jahren des 20. Jahrhunderts sagte ein Medium einmal zu Jeanette, dass sie Nelson schon in einem früheren Leben gekannt hatte, als sie in den dreißiger Jahren des 19. Jahrhunderts in England Bruder und Schwester gewesen waren. Im Rahmen ihrer Nachforschungen zur MacDonald/Eddy-Story wandte sich Diane Goodrich an ein anderes Medium, ohne im Entferntesten etwas von den Erkenntnissen zu verraten, die Jeanette hatte. Dieses Medium offenbarte exakt dasselbe.

Obgleich man leicht annehmen könnte, dass Zwillingsseelen immer als Liebespaar inkarnieren, ist das nicht unbedingt zwingend der Fall. Eine Geschwisterbeziehung schließt nicht aus, dass die betreffenden Personen Seelenpartner sind oder als Zwillingsseelen miteinander verbunden sind, denn die Liebe von Zwillingsseelen reicht weit über die Zeitspanne von ein oder zwei Leben zurück bis an den Urpunkt der Schöpfung.

Im Rahmen einer Bruder-Schwester-Beziehung kann sich eine tiefe Bindung der Zuneigung und unverfälschten Liebe, der gegenseitigen Verehrung und des gemeinsamen Erfolges entwickeln. Dies ist ein sehr realer Teil der Spirale, die Leben nach Leben zwischen zwei Zwillingsseelen emporwächst, in Vorbereitung auf die höchste Vereinigung, bei der die Frucht ihrer Liebe zur einzigartigen Gabe auf dem Altar der Menschheit wird. Eine Liebe, die so mächtig ist, dass sie alles, was sie berührt, erhöht und veredelt, und den Strom des menschlichen Bewusstseins darüber, was wahre Liebe sein und bewirken kann, reinigt und erneuert.

Jeanette und Nelson glaubten ebenfalls an das Karma - daran, dass sie für die jeweiligen Umstände in ihrem Leben selbst verantwortlich waren, weil diese die Folge ihrer Handlungen in der Vergangenheit waren. Offensichtlich gab es zwischen ihnen jede Menge Karma, wie es bei Zwillingsseelen oft der Fall ist, denn es stellte sich heraus, dass ihre Liebe nicht immer rein und ungetrübt dahinfloss.

In ihrer Liebesgeschichte gab es einen Bösewicht - wie die böse Stiefmutter im Märchen oder der "Troll unter der Brücke". Er erschien in Gestalt des größenwahnsinnigen Louis B. Mayer, dem Supermakler von MGM. Als Nelson sich in Jeanette verliebte, befand sich der Jungstar, der gerade dabei war, flügge zu werden, in der üblichen sexuellen Abhängigkeit von ihrem Chef, und diesem missfiel der "Bariton". Denn Nelson war bereits auf eigene Faust erfolgreich geworden und verdankte seine

Karriere nicht MGM. Daher war er der einzige Star am Platz, der Louis nicht die Füße zu küssen brauchte.

Anna MacDonald, Jeanettes Mutter, und Louis waren sich schnell darin einig, ihr zu erklären, dass sie alles aufs Spiel setzte, was sie sich bisher erarbeitet hatte, wenn sie sich einem "gewöhnlichen Sänger" hingeben würde.

Aus Angst um ihre Karriere begann sie so zu tun, als ignoriere sie Nelson. Doch er machte klar und deutlich, dass ihn ihre Vergangenheit nicht tangierte, auch nicht eine Beziehung zu Louis. "Was uns verbindet, können wir nicht leichtfertig abtun ... Wenn es um alles oder nichts geht, wenn du jemanden suchst, der dich wirklich liebt, dann denke daran, dass es mich wirklich gibt", sagte er.

1935 begannen sie die Dreharbeiten zu ihrem ersten Film "Naughty Marietta" ("Das Biest Marietta"). Als abzusehen war, dass er zum Filmhit werden würde und Jeanette zum Superstar, gab Louis sie frei. Er ging nicht gern mit seinen Stars ins Bett – das könnte ihren Ruhm beflecken. Doch er hatte nach wie vor ihren neuen Freund auf dem Kieker.

Während der zweiten Hälfte der Dreharbeiten wuchs und blühte die Liebe zwischen Nelson und Jeanette so richtig auf. "In seiner Nähe fühlte sie sich merkwürdig rein - wie ein Kind", berichtet "Farewell to Dreams".

Beide wussten ganz genau, dass es sich hier nicht nur um ein Strohfeuer handelte. "Es war Liebe auf den allerersten Blick. Sie war die Antwort auf alle meine unausgesprochenen Gedanken, all die Dinge, von denen ich jemals geträumt habe. Es ist mir, als könne ich ohne sie nicht sein, als könne ich ohne sie nicht existieren", erklärte Nelson später "Pop" Leonhard, ihrem gemeinsamen Produzenten.

Als der Film "Naughty Marietta" einer der Filmhits des Jahres wurde, wurden in der Öffentlichkeit die Rufe nach "mehr MacDonald & Eddy" laut. Als sie mit den Dreharbeiten zu ihrem zweiten Film "Rose Marie" mit dem Titelsong "Liebesruf der Indianer" ("When I'm calling you ou ou ou ou ou ou", dt. etwa: "Wenn ich dich ru-u-u-u-u-u-fe") begannen, waren sie absolut verliebt, alle Heimlichtuerei war vergessen, und Jeanette war so glücklich, wie noch nie zuvor in ihrem Leben.

Wie es bei wahren Seelenpartnern der Fall ist, brachten sie jeweils beim anderen die besten Seiten ans Licht - er förderte sie beim Singen und sie ihn beim Schauspiel. Für ihren Produzenten, die anderen Schauspieler und die Filmcrew war klar: Sie waren füreinander geschaffen.

Rose Marie, 1936

Am Lake Tahoe, dem Drehort, wandelte ihre Liebe auf Wegen dahin, die von Schlüsselblumen gesäumt waren. Sie unternahmen zusammen Ausritte zu Pferd und liebten sich. Er fragte sie, ob sie ihn heiraten möchte, und sie willigte ein. Sie war völlig entzückt über den schönen, von Diamanten eingefassten Smaragdring, den sie von ihm geschenkt bekam. “Oh Nelson, ich verspreche dir, den werde ich immer tragen. So wirst du immer bei mir sein.” Doch der Star in ihr, der stets präsent war, wollte noch bis Juni abwarten, um eine große Hochzeit zu feiern.

Diese Entscheidung sollte sie all ihr Glück kosten, denn auf dem Meeresgrund ihrer Liebe lauerte der Fels des Ehrgeizes, an dem ihr Leben zerschellen sollte. Sharon und Diane schildern uns diese Szene:

Bald schon stellte Jeanette fest, dass sie schwanger war. In seiner völligen Begeisterung wünschte Nelson auf der Stelle die Hochzeit. Sie jedoch war verärgert über ihn, weil er die Sache nicht verstehen wollte. Wenn zur damaligen Zeit ein weiblicher Star ohne Einwilligung des Studios heiratete oder - verheiratet oder nicht - schwanger wurde, wurde ihr Vertrag auf der Stelle null und nichtig.

Nachdem die Realität der karmischen Umstände Jeanette wie eine Betonmauer umgab, wurde der Druck schließlich zu groß. Ein Baby zu bekommen, so dachte sie, würde ihr Leben zerstören. "Ich werde nicht zulassen, dass du meine Karriere ruinierst! ... Krieg' das in deinen Kopf hinein ... Ich will dein schreiendes Balg nicht, und damit basta!", schimpfte sie.

"Du - du - du weißt doch gar nicht, was du da sagst! Das sind doch nicht deine Worte, Jenny. Ich kann nicht glauben, dass alles, was du im Leben willst, ist, ein großer Star zu werden. Das ist doch so etwas von einer hohlen Sache."

"Genau das möchte ich, und ich werde alles - alles - tun, um es zu erreichen. Hast du mich verstanden? Alles! Ich werde der größte Star unserer Zeit werden, und niemand wird mich daran hindern! Verstehst du mich?"

"Um alles in der Welt, behalte deine Karriere. Du wirst schon sehen, wie viel Liebe und Wärme sie dir geben wird."

Jene Szene war der Todesstoß für das dauerhafte Glück, das sie gemeinsam hätten genießen können. Am nächsten Tag hatte Jeanette eine Fehlgeburt. Sie versuchte, den Streit irgendwie beizulegen, doch Nelson war immer noch wütend und desillusioniert. Er ließ sie schroff abblitzen und liierte sich spontan mit einem blonden kleinen Film-Starlet, Anita Louise.

Um ihm zu beweisen, dass sie durchaus in der Lage war, bei diesem Spiel mitzuhalten, rief Jeanette Gene Raymond an, einen Schauspieler, mit dem sie sich bereits vorher einige Male getroffen hatte, und lud ihn zum Lake Tahoe ein. Er war so charmant und um ihre Karriere derart bemüht, dass sie, als er ihr überraschend einen Heiratsantrag machte, zu ihrem eigenen Erstaunen einwilligte. Er würde ihren Ehrgeiz nie unterminieren. "Deine Karriere ist das Einzige, was zählt", erklärte er ihr. Aus bis heute noch nicht ganz geklärten Gründen nahm sie sein Angebot an, nicht ahnend, welcher Art der nächste Akt in der Tragödie ihres Lebens sein würde, den sie hiermit einzig und allein selbst auf die Bühne beschworen hatte.

Gene rief sofort MGM an und verkündete die Hochzeit. Louis war hochzufrieden, weil er darin eine Gelegenheit erkannte, es seinem aufsässigen Bariton heimzuzahlen. Sein Star würde heiraten. Er beschloss, die "größte Medienkampagne aufzuziehen, die die Welt jemals gesehen hatte".

Während der Verfilmung von "Maytime" ("Ein Tag im Mai"), dem nächsten Film, versöhnten sich die Liebenden wieder und versuchten, die Hochzeit abzublasen. Louis jedoch verweigerte dies und drohte Jeanette damit, ihre Karriere zu ruinieren. In seiner Verzweiflung bot Nelson Gene eine Summe von 250.000 $ an, wenn er die Verlobung auflösen würde. Dieser nahm das Angebot freudig an. Doch Louis schritt erneut ein und drohte Gene offensichtlich mit dem Tod. Louis, der das absolute Regiment über die Schar seiner Stars besaß, gab sich bekanntermaßen nicht mit billigen Drohungen zufrieden. "Ich möchte ganz gern noch ein bisschen weiterleben", sagte Gene und ruderte zurück.

Nelson war verzweifelt. Irgendwie brachten sie das Martyrium der Dreharbeiten hinter sich - er mit Hilfe von Alkohol und Jeanette mit Beruhigungsmitteln.

Ein Tag im Mai, 1937

Die Handlung des Filmes "Ein Tag im Mai" erfüllte Nelson mit bestimmten Vorahnungen. Er glaubte, sie hätten ihr Leben schon früher einmal ruiniert und wiederholten dieses Muster jetzt gleichsam aufs Neue. Seine größte Befürchtung war, dass die Story, die sie gerade im Film spielten, eines Tages Wirklichkeit werden würde.

Im Film willigt ein Opernstar, der gerade im Begriff ist, Karriere zu machen, Marcia Mornay, in eine Vernunftehe mit ihrem Musiklehrer Nicolai ein. In jener Nacht begegnet sie in Paris einem jungen Sänger, Paul Allison. Sie erkennt sofort, dass er ihre wahre Liebe ist und verbringt einen wundervollen Maitag mit ihm. Aber sie beschließt, Nicolai aus Verpflichtung dennoch zu heiraten. Sie bleibt mit ihm sieben erbärmliche Jahre zusammen, bis sie Paul in New York erneut begegnet.

Weil sie erkannt hat, dass sie immer noch hoffnungslos verliebt ist, bittet sie Nicolai, ihr ihre Freiheit wieder zu schenken. Er willigt gar zu freigebig ein. Dann verlässt er sie, nimmt einen Revolver, sucht Paul und erschießt ihn. Nur Sekunden später kommt sie am Ort des Geschehens an und hört ihn gerade noch sagen:

“Jener Tag ist mir mein Leben lang in Erinnerung geblieben.”

Am Ende des Films verlässt ihre Seele, allein und gealtert, in einem Tagtraum im Frühling ihren Körper, während er singend auf sie zukommt. Sie nimmt seine Hand, die er ihr entgegenstreckt, und ihre beiden Seelen verschwinden, endlich wieder vereint, in der Welt der Blüten dieses Tages im Mai.

Nelsons Befürchtungen waren nicht unbegründet. Als Jeanette entschlossen schien, die Feierlichkeiten durchzuziehen, sah er seine letzte Hoffnung darin, sie zu entführen. Er kam bei ihr zu Hause kurz vor der Eheschließung an, zerrte sie die Treppe hinunter und zog sie in seinen Wagen.

“Jenny, sag’ mir, dass du mich nicht liebst! Schau’ mir in die Augen und sag’ das. Wenn du das kannst, werde ich dir glauben und dich nie mehr belästigen.” Zunächst schaute ihm Jeanette angriffslustig in die Augen, doch dann ließ sie ihren Blick sinken. Sie wandte sich ab und versuchte, ihre Tränen zu verbergen. Als Nelson dies bemerkte, drehte er sie zu sich um. Sie wurde steif und schreckte zurück. Sie stammelte: “Nein,

nein, ich kann es nicht. Ich werde nicht zulassen, dass du dies tust. Ich kann meine Karriere nicht riskieren. Verstehst du das nicht? Die Liebe ist wichtig, aber ..."

In Nelsons Stimme schwang seine ganze Verzweiflung mit: "Engel, Engel, was ist das denn in dir, das immer nur alles, was uns betrifft, zerstört? Andere Leute suchen ihr ganzes Leben lang nach dem, was wir gefunden haben, und du wirfst dies alles achtlos weg, getrieben von deiner zügellosen Habgier."

Gerührt von seinem heftigen Schmerz, näherte sie sich ihm, bekam sich dann jedoch wieder in den Griff und rief: "Nein, nein! Es ist alles arrangiert! Die größte Hochzeit der Welt! Meine Fans - ich kann nicht, ich kann nicht - ich liebe meine Karriere mehr als dich!" Er erkannte, dass er sie verloren hatte.

Diese Hochzeit muss einer der zermürbensten Augenblicke in Nelsons Leben gewesen sein. Manche Gäste erinnern sich heute noch an sein unterdrücktes Schluchzen, das die Kirche während der gesamten Feierlichkeiten erfüllte. Wie geplant sang er: "Ich liebe dich von ganzem Herzen", kurz nach den einleitenden Worten des Pfarrers: "Liebe Gemeinde, wir sind hier im Angesicht Gottes und in seinem Beisein versammelt, um diesen Mann und diese Frau gemeinsam in den heiligen Stand der Ehe zu begleiten ..." Worte, von welchen er nie geglaubt hätte, dass er sie einmal mit Tränen in den Augen anhören würde.

Seine flehentliche Darbietung des Liedes war eine spiegelverkehrte Antwort auf ihren Gesang des "Liebesrufs der Indianer" im Film "Rosemarie, als er als kanadischer Bergpolizist ihren Bruder festnimmt. Mit dem leidenschaftlichsten Flehen, das die Filmgeschichte jemals erlebt hat, bittet sie ihn zurückzukommen, falls er sie liebt. Weder bei der Hochzeit noch im Film wich einer von beiden von ihrem gewählten Kurs ab - doch zumindest im Film gab es ein Happy End.

Kaum war sie mit ihrem frisch gebackenen Ehemann auf Hawaii angekommen, da entdeckte sie auch schon ihren schrecklichen Fehler: er war homosexuell. Sie drohte ihm mit der Auflösung der Ehe. Er drohte ihr, dass er, wenn sie zu Nelson zurückkehren würde, dafür sorgen würde, dass der Skandal auf der Titelseite aller Zeitungen prangen würde.

Jeanette war zwischen zwei Zeitaltern gefangen. Entsprechend den härteren Standards der 30er Jahre, welchen zufolge Filmstars perfekte Vorbilder waren, beschloss sie, ihr engelsgleiches Image nicht zu trüben, und setzte wieder einmal den Ruhm über ihr persönliches Glück. Jeanette fügte sich traurig dem steinigen Weg, den sie selbst gewählt hatte, und erkannte mit wachsender Verzweiflung, dass sie ihr Leben und das von Nelson ruiniert hatte ... sie wusste, dass alles ihr Fehler gewesen war, dass Nelson wirklich für sie da war, dass er der liebste Mann war, den sie jemals kennen gelernt hatte, und der Einzige, der sie jemals wirklich geliebt hatte. Dieses Schuldgefühl nagte an ihr bis zum letzten Tage ihres Lebens.

Inzwischen stieß Louis Propagandamaschine am laufenden Band Geschichten aus dem gesegneten Eheleben der Raymonds aus, und die Fanmagazine und Klatschblätter waren voll davon. Sie erhielten die Fassade aufrecht, erschienen zu gesellschaftlichen Anlässen Arm in Arm und spielten die Rolle des glücklichen Ehepaares.

Nelson und Jeanette verfilmten "Girl of the Golden West" ("Das Mädchen aus dem goldenen Westen") und verrichteten hölzern ihr Werk. Dies ist der einzige Film ohne Liedesduett, da Jeanette nicht in der Lage war, "Obey Your Heart" ("Folge deinem Herzen") zu singen, das extra für diesen Spielfilm geschrieben worden war, ohne zusammenzubrechen. Bis zu den Dreharbeiten für den nächsten Film "Sweethearts" ("Verliebt") war die Situation für sie unerträglich geworden.

Laut Diane und Sharon machte sie sich eines Nachts auf die Suche nach Gene, weil sie mit ihm zu einem gesellschaftlichen Ereignis erscheinen sollte, und fand ihn schließlich in einem Bett in einem Homosexuellen-Klub. Jeanette suchte seine Kleider zusammen und zerrte ihn unter dem Hohngelächter anderer Homosexuellenpärchen zum Haus hinaus.

In jener Nacht kehrte sie zu Nelson "im Guten" zurück und zog zu Hause wenige Tage später endgültig aus, nachdem Gene sie geschlagen und ihr dabei schwere Verletzungen im Gesicht zugefügt hatte. Nelson, der ihr gegenüber stets einen wilden Beschützerinstinkt verspürte, schlug Gene so zusammen, dass er für zwei Wochen im Krankenhaus bleiben musste. Die Turteltäubchen zogen sich in ein Landhaus in Burbank zurück und gaben sich als normale Leute aus. In der Nachbarschaft erinnert man sich noch heute an "jenes nette Ehepaar, das so gerne zu Pferd ausritt".

Jeanette reichte die Scheidung ein. Die Dreharbeiten für "Verliebt" liefen weiter. Nun zeigten beide ihre Liebe füreinander in jedem Wort und bei jedem Blick. Sie wurde glücklich schwanger. Diesmal wollten sie beide eine sofortige Heirat. Sie planten ein gemeinsames

»Verliebt«, 1938

Zuhause in Bel Air, mit einem Kinderzimmer in Pink und Lavendel. All ihre Träume waren kurz davor, in Erfüllung zu gehen.

Bis Louis sie zusammen sah und erkannte, dass sie verliebt waren. Wut war gar kein Ausdruck. Jeanette erzählte ihm, dass Gene homosexuell war, dass sie genug hatte, und dass sie die Scheidung eingereicht hatte. Louis verbat ihr dies schlichtweg.

“*Ich* verstehe das ja, aber die Filmkasse nicht ... Wenn ich noch jemals etwas darüber hören sollte, werde ich euch beide alle machen.” Doch diesmal hielten Jeanette und Nelson stand.

Dennoch hatten Louis Drohungen den gewünschten Effekt. Am nächsten Tag brach Jeanette zusammen und stürzte die hohe Rampe hinab, auf der gerade die Musikszene gefilmt wurde. Sie war im sechsten Monat schwanger. Nelson las sie auf und brachte sie ins Krankenhaus. Ihr Kleid war blutdurchtränkt. Sie hatte eine Fehlgeburt. Nelson brach zusammen, und sie wachten beide mit der Nachricht auf, dass sie nie mehr ein Kind würde bekommen können. Das Baby, ein Junge, lebte zwei Tage.

Louis Drohungen hielten sie weiterhin getrennt. Er sagte Jeanette, dass Nelson für den Fall, dass sie es nicht unterlassen würden, sich zu treffen, “eines Tages mit dem Gesicht nach unten als Fischfutter im Wasser schwimmend aufgefunden werden würde ... Entweder du reißt dich zusammen, oder ich werde meine Jungs auf ihn hetzen – und das meine ich ernst.” Da Louis über ziemlich offensichtliche Verbindungen zur Unterwelt verfügte, glaubte sie ihm.

Jeanette kehrte zu Gene zurück, ohne Nelson etwas von ihrer Entscheidung mitzuteilen. Wie es seinem Charakter entsprach, fraß er den Kummer in sich hinein und erklärte, dass er sie nie mehr wieder sehen wollte. Er geriet ins Straucheln, führte ein unstetes Leben, begann zu trinken und wurde schließlich krank.

Dann, so berichtet “Farewell to Dreams”, nahm die Geschichte eine weitere merkwürdige Wendung. Ann Franklin, eine flüchtige Bekannte, kam bei Nelson zu Hause vorbei – mit einer durchdachten Intrige im Sinn. Sie brachte ihn dazu, Alkohol zu trinken, und dies, in Kombination mit seiner depressiven Stimmung und seiner durch die Medikamente verschwommenen Wahrnehmung, schwächte seinen Willen. Sie machte ihm einen Heiratsantrag. Er - so unvernünftig wie er im betrunkenen Zustand immer war - willigte ein. Schließlich war Jeanette nicht der einzige Mensch, dem es erlaubt war, zu heiraten ... Auf der Rückfahrt von Las Vegas wurde er im Zug von der Stimme seiner frisch gebackenen Braut geweckt. Er hatte keinerlei Erinnerung an das Ereignis und musste hinterher feststellen, dass der Standesbeamte wohl ganz offensichtlich bestochen worden sein musste, um einen Mann in solch einem Zustand zu trauen.

Sharon Rich fand heraus, dass Ann, um zu verhindern, dass Nelson später die Ehe anfechten würde, Fotos als belastendes Beweismaterial hatte aufnehmen lassen, um zu belegen, dass die Eheschließung vollzogen worden war.

Als Jeanette davon erfuhr, unternahm sie einen Selbstmordversuch. Sie schluckte fast ein komplettes Röhrchen Schlaftabletten. Allmählich erholte sie sich wieder und begann mit der Produktion von “New Moon” (“Zu Neumond”, 1940).

Zunächst begegneten sie einander kühl, entdeckten dann jedoch ihre Liebe füreinander wieder und beschlossen, dass sie nicht getrennt leben konnten.

Sic zogen wieder zurück in ihr gemeinsames Häuschen, aber Louis kam ihnen erneut auf die Spur. Er hielt sie gewaltsam auseinander: "Euch beide will ich ausschließlich vor der Kamera zusammen sehen, sonst nirgends." In diesem Film waren sie gezwungen, sich der schweren Qual auszusetzen, auf getrennten Seiten der Bühne zu stehen. Doch Louis konnte sie nur kurze Zeit voneinander getrennt halten. Sie begannen, sich wieder zu treffen, wobei sie tunlichst darauf achteten, vorsichtiger zu sein.

Schließlich flog die Sache auf, als Ann Eddy zu Louis ging, um sich darüber zu beschweren, dass ihr Ehemann ewig abwesend war. Louis bekam einen Wutanfall und schimpfte Jeanette eine Hure. Nelson war kurz davor ihn zu erwürgen und kündigte. Er ließ sich seinen Studiovertrag auszahlen. Jeanette gelang es, ihn zu überreden, die Dreharbeiten zu ihrem damaligen und letzten Film "I married an Angel" ("Ich habe einen Engel geheiratet", 1942) noch zu beenden.

Jetzt bedeutete Jeanette ihre Karriere im Verhältnis zu ihrer Liebe für Nelson nur noch wenig beziehungsweise nichts mehr. Sie stellte nicht mehr so hohe Ansprüche an sich selbst. Folglich litt die Qualität ihrer Auftritte. Louis beschloss, ihr keine Filmoption mehr vertraglich zuzusichern.

Obgleich sie noch drei weitere Filme drehte und bei mehreren Stücken mitspielte, an Wohltätigkeitsveranstaltungen für Kriegsopfer teilnahm, Konzerte gab und nun auch Opern sang, wovon sie immer geträumt hatte, erreichte ihre Karriere nie mehr die Höhen von einst.

Nun war ihr öffentliches Leben ins Gegenteil verkehrt. Jeanette war zu alt, um die romantische Hauptrolle in einem Film zu übernehmen, Nelson jedoch war immer noch gefragt. Er drehte noch vier weitere Filme, die beim Publikum gut ankamen, gab weiterhin Konzerte und trat bis zu seinem Lebensende in Nachtklubs auf.

1946 bekam Jeanette einen Nervenzusammenbruch. Von diesem Tag an hatte sie beständig gesundheitliche Probleme. 1948 erlitt sie ihren ersten Herzanfall.

In dieser Spätphase ihres Lebens waren beide, sowohl Nelson als auch Jeanette, gleichgültig, was ihr Leben betraf. Es schien, als seien die Dinge bereits zu weit fortgeschritten, und als könnten sie genauso gut auf die nächste Runde und die nächste Gelegenheit warten.

Er musste weiterarbeiten, da seine Frau entweder das ganze Geld unter Verschluss hielt oder komplett ausgab. Er hatte nicht einmal genug Geld, um für sich und Jeanette ein Haus in Scottsdale, Arizona, zu kaufen, wo sie sich gemeinsam zur Ruhe setzen wollten.

Währenddessen lebten die Zwillingsseelen aus der Welt der Stars mit ihren jeweiligen Ehepartnern weiterhin zusammen. Dies führt zu einer der unbeantworteten Fragen in ihrer Lebensgeschichte: Warum ließen sie sich nicht beide scheiden? 1950 bedeutete eine Scheidung mit Sicherheit nicht mehr die gleiche Schande wie 1937.

Was Nelson betraf, so weigerte sich Ann, ihm seine Freiheit zurückzugeben, obgleich er sie auch noch so sehr darum anflehte. Jeanette blieb wahrscheinlich aus Sympathiegründen weiterhin mit Gene zusammen, als

Reaktion auf seine perfekt inszenierten Schmachtszenen, wo er auf Knien um Vergebung bat und schluchzte, nach dem Motto: "Ich werde es nie wieder tun!"

Ein weiterer Grund, weshalb Jeanette und Nelson nie von ihren "Partnern auf dem Papier" geschieden worden waren, lag darin, dass sie bereits miteinander verheiratet waren! Mit der Veröffentlichung ihres Buches hat Sharon Rich Beweise aufgedeckt, die sie veranlassten zu glauben, dass Nelson bereits mit Jeanette verheiratet war, als er Ann heiratete! In einigen Quellen fand sie den Hinweis, dass Jeanette und Nelson nach Mexiko gereist waren, um sich dort trauen zu lassen. Sharon glaubt, dass dies zu der Zeit stattfand, als Jeanette während der Verfilmung von "Verliebt" schwanger war. Dies ist besonders deshalb plausibel, weil der energische Nelson, seinem Charakter entsprechend, wohl niemals geduldet hätte, dass sein Baby unter dem Namen eines anderen Mannes geboren wurde.

In Mexiko hätten sie eine "Fernscheidung" in Abwesenheit Genes erwirken und sich schnell trauen lassen können. Als Nelson dann Ann heiratete, könnte es sein, dass sie ihn mit dem Vorwurf der Bigamie erpresst hatte. Das hätte ausgereicht, um ihn ein Leben lang an sich zu fesseln. Damit wäre durch eine Scheidung ein Skandal ausgelöst worden, dessen Wellen nicht nur einen Schatten auf Jeanettes Karriere, sondern auch auf ihre Moral geworfen hätten.

Folglich könnte man die Tatsache, dass nun keiner von beiden mehr versuchte, ihre bleibende Liebe füreinander zu verbergen, sowohl mit ihrer Überzeugung erklären, dass dies so seine Richtigkeit hatte, als auch mit der rechtlichen Grundlage, die durch eine Eheschließung abgesichert war, wenn diese auch geheim war.

Ihre Liebe überwand die sie distanzierenden Meilen. Als Nelson einmal einen etwas irritierenden Brief von Jeanette erhielt, während er sich gerade auf einer Tournee in Australien befand, sagte er alle seine Termine ab und flog zurück nach Hollywood, weil er ein ungutes Gefühl hatte. Nachdem er festgestellt hatte, dass es ihr gut ging (oder sie zumindest vorgab, es sei so), kam er sich töricht vor.

Eines Tages hatte Gene mehr Kontrolle über Jeanettes Leben erlangt und zwang sie dazu, ihr Haus zu verkaufen und in eine Wohnung umzuziehen. Nelson war ständig auf Reisen unterwegs und nahm so ihren sich verschlechternden Gesundheitszustand nicht wahr, denn sie verbarg bis zum Schluss ihr schmerzendes, krankes (gebrochenes) Herz vor ihm.

Sie siechte langsam dahin, nachdem Gene und das Zimmermädchen sie nur nachlässig versorgten und ihr das Telefon wegnahmen, um sie daran zu hindern, mit Nelson zu telefonieren. Gene verabreichte ihr die meiste Zeit über Schlaftabletten, um sie still zu halten. Hätte sie nicht dieses enorme Schuldgefühl gehabt, das an ihr nagte, so hätte sie vielleicht mehr Interesse am Leben gezeigt. Doch laut Aussage ihrer Schwester Blossom war es "das Schuldgefühl, das sie umgebracht hat."

Als sie am 14. Januar 1965 verstarb, saß Gene an ihrem Bett. In ihrer Verwirrung glaubte sie, er sei Nelson. Mit letzter Kraft sagte sie zu demjenigen, der ihre Seele von Beginn an geliebt hatte, in die Ewigkeit hinein: "Ich liebe dich".

Nelson wollte es Romeo gleichtun und seiner Julia in den Tod folgen, doch sein Selbstmordversuch misslang. Schließlich brach er zwei Jahre nach ihrem Tod in Florida während einer Show zusammen und verstarb wenige Stunden später. Wir hoffen, dass sie ihn, wie in dem Film "Ein Tag im Mai" mit einem Lied begrüßte, als er leichtfüßig aus seinem von Sorgen zermürbten Körper entstieg.

Im Lichtreich konnten sie so auf ihren nächsten Auftritt auf der Bühne des Lebens warten, eine Gelegenheit, um ihr Leben neu aufzubauen, diesmal entschlossen, Stolz und Ehrgeiz zu überwinden - und der Liebe den Vorzug zu geben. Und all dies an einem Ort, wo Menschen wie Louis B. Mayer oder Gene Raymond oder Ann Franklin keine Macht über ihren Geist haben würden, denn sie waren wahrhaftig geprüft und im Feuer ihres selbstgeschmiedeten Unglücks geläutert worden. Nachdem sie die Kräfte durchschaut hatten, die eine wahre Liebe anzugreifen versuchen, und über allem stets auf den Schutz ihrer Ehe bedacht waren, die im Himmel geschlossen worden war, würden sie schließlich auf Erden ihre heiligste stille Hoffnung wiederfinden - für immer vereint zu sein.

Und nichts und niemand würde zwischen ihnen stehen - denn ohne die Liebe wäre das Leben "tönendes

Erz oder eine klingende Schelle" (1. Korinther 13,1). "... Wir sehen jetzt durch einen Spiegel ein dunkles Bild - dann aber von Angesicht zu Angesicht" (1. Korinther 13,12). Und das Dekret Gottes, unseres Herrn, das er über die Zwillingsseelen gesprochen hat, ist nicht mehr zu leugnen: "Was nun Gott zusammengefügt hat, das soll der Mensch nicht scheiden" (Matthäus 19,6).

DANKSAGUNG FÜR DIE FOTOS:

Die Fotos wurden uns freundlicherweise aus der Sammlung von Sharon Rich zur Verfügung gestellt.
Weitere Informationen über das Leben und die Liebesgeschichte von Jeanette und Nelson erfahren Sie beim Mac/Eddy Club, P.O. Box 1077, New York, NY 10002, per E-Mail unter der Adresse: maceddyclub@aol.com, oder besuchen Sie ihre Website unter http://www.maceddy.com/
Die Auszüge aus dem Buch "Farewell to Dreams" von Diane Goodrich und Sharon Rich, Copyright 1979, Jeanette MacDonald/Nelson Eddy Friendship Club, Inc., wurden mit deren Genehmigung verwendet. Dieses Buch ist derzeit vergriffen, doch Sharon Rich hat ihre Recherchen durch weitere Dokumentationen erweitert, einschließlich Liebesbriefe, und in einem neuen Buch unter dem Titel "Sweethearts: The Timeless Love Affair - On Stage and Off - Between Jeanette MacDonald and Nelson Eddy" ("Verliebt: die zeitlose Liebesgeschichte - auf und hinter der Bühne - zwischen Jeannette MacDonald und Nelson Eddy") von Donald I. Fine, 1994 veröffentlicht. Es ist ebenfalls über die oben angegebene Website erhältlich.

Das Streben nach Ganzheit

Jeder von uns besitzt eine Zwillingsseele, oder Zwillingsflamme, die zu Beginn der Schöpfung gemeinsam mit uns erschaffen wurde. Gott schuf Sie und Ihre Zwillingsflamme aus einem einzigen "weißen Feuerball". Er trennte dieses weiße Feueroval in zwei Kugeln, zwei Wesen – eines mit einer männlichen Polarität und das andere mit einer weiblichen Polarität, beide jedoch mit dem gleichen spirituellen Ursprung und der einzigartigen Matrix der Identität.

Vor langer, langer Zeit standen Sie und Ihre Zwillingsflamme vor Gott dem Vater und der Mutter und erklärten sich freiwillig bereit, in die Ebenen der Materie hinabzutauchen, um Gottes Liebe auf die Erde zu bringen. Der ursprüngliche Plan bestand darin, dass Sie eine Reihe von Inkarnationen durchlaufen würden, sowohl in einem männlichen, als auch in einem weiblichen Körper, damit jede Hälfte des göttlichen Ganzen lernen könne, das Instrument Gottes des Vaters und der Mutter zu werden.

Unsere ersten Leben auf Erden verliefen segensreich. Wir hätten auch weiterhin die Schönheit einer Beziehung als kosmische(r) Geliebte(r) mit unserer Zwillingsseele über viele Inkarnationen hinweg gelebt, wenn wir miteinander und mit Gott in Harmonie geblieben wären. Doch wir stürzten aus dem Zustand der Perfektion herab, indem wir Gottes Licht missbrauchten. Dies ist die wahre Bedeutung, die hinter der Geschichte von der Vertreibung aus dem Paradies steckt.

Hätten wir die Harmonie mit dem Einen aufrechterhalten, hätte die Verzückung unserer Liebe während unserer Lebenszeit auf Erden ewig gewährt. Doch als wir die Harmonie verloren hatten - durch Angst, Misstrauen oder ein Gefühl der Trennung von unserer höchsten Quelle - wurden wir zum Opfer unseres negativen Karmas. Nachdem wir auf der Schwingungsebene getrennt waren und nicht mehr einander gegenseitig den Vorzug gaben, waren wir durch verstrickte Beziehungen und gegenseitige Vernachlässigung gefangen, bis unsere Seelen nach dem lebendigen Gott riefen - und nach unserem Seelenpartner.

Jede Inkarnation, die wir getrennt von unserer Zwillingsseele verbracht haben, verursachte entweder neues negatives Karma oder glich einen Teil des Karmas aus, das unserer Wiedervereinigung im Weg stand. Im Laufe der Zeit gingen wir verschiedene Beziehungen mit unserer Zwillingsseele ein - Mann/Frau, Mutter/Sohn, Vater/Tochter und Schwester/Bruder - um die negativen Energiebande, die wir durch den Missbrauch unseres freien Willens in unser Unterbewusstsein eingewoben hatten, aufzulösen.

Nun ist es an der Zeit - am Ende dieses Zyklus' der Geschichte und zu Beginn des Wassermannzeitalters -, dass Menschen des Lichts, die sich auf einem spirituellen Weg befinden, lernen, wieder in Kontakt mit ihrer Zwillingsseele zu treten. Diese Suche wird durch unser Höheres Selbst angestoßen, jedoch auf der physischen Ebene falsch verstanden. Oft kommt es vor, dass Menschen, wenn sie erfahren, dass sie mit ihrer Zwillingsseele eine besondere Mission haben, sich körperlich auf die Suche nach dieser besonderen Seele machen, anstatt nach ihrer eigenen Ganzheit in ihrem Inneren zu streben. Dies ist stets ein Umweg auf dem Weg zur Befreiung der Seele. Einzig in unserer Beziehung zu

Der Tadsch Mahal, den der mongolische Herrscher Schah Jahan als Grabmal für seine geliebte Ehefrau errichten ließ, huldigt der Erhabenheit der göttlichen Liebe. Er steht symbolisch als Heiligenschrein für die ewige Liebe zwischen zwei Zwillingsseelen.

Gott und unserem Höheren Selbst finden wir den Schlüssel zu unserer Zwillingsseele, um mit dieser eins zu werden.

Eine alchemistische Hochzeit

Das kosmische Gesetz verlangt, dass wir zunächst unsere eigene Identität als Teil des Göttlichen definieren, bevor wir das gemeinsame spirituelle Potenzial unserer Zwillingsseelen völlig entfalten können. Denn bevor Zwillingsseelen einen gewissen Grad der Meisterschaft und Einheit mit ihrem eigenen wahren Selbst erlangt haben, sind sie nicht in der Lage, mit der Bürde ihres negativen Karmas zurechtzukommen, da dies durch die Anwesenheit ihrer Zwillingsseele verstärkt wird. Durch den gleichen besonderen Faktor, der dafür sorgt, dass Zwillingsseelen ihre großartige spirituelle Kraft erlangen - ihre identische Persönlichkeitsmatrix - können umgekehrt auch deren negative Muster verstärkt werden.

Letztendlich muss jeder Einzelne von uns lernen, die negativen Muster, das unedle Metall unseres menschlichen Egos, in das Gold unseres göttlichen oder wahren Selbst zu verwandeln. Dies wird als 'alchemistische Hochzeit' bezeichnet - die Vermählung unserer Seele, des weiblichen Aspekts unseres Seins, mit dem "Lamm", dem wahren, ewigen spirituellen Selbst, dem männlichen Aspekt. Die Liebe dieses geliebten Christus-Selbst, d. h. desjenigen Teils in uns, der beständig den Kontakt zur höchsten Quelle - der ICH BIN-Gegenwart - hält, ist eine unvergleichliche Liebe. Diese ICH BIN-Gegenwart ist der Geliebte, für den die Heiligen des Ostens und Westens schon immer alles gegeben haben.

Indem sie tagtäglich ihr Bewusstsein durch ihre Vereinigung mit Gott erhöhten, transzendierten die Heiligen allmählich das menschliche Ego. Am Ende vereinigte sich ihre Seele mit ihrem wahren spirituellen Selbst, und sie kehrten zum Herzen Gottes zurück. "Denn dies Verwesliche muss anziehen die Unverweslichkeit, und dies Sterbliche muss anziehen die Unsterblichkeit" (1. Korinther 15,53).

DIE ERSCHAFFUNG VON ZWILLINGSSEELEN

(Abb. 1 und 2) Das Tai Chi, in Verkörperung der männlichen und weiblichen Polarität von Gottes Einheit, fließt im Kreis und teilt sich in zwei identische Kugeln – Zwillingsflammen des Einen. Ein Tropfen aus dem Ozean Gottes, oder der göttlichen Monade, bildet jeweils eine Kugel und besteht aus der ICH BIN-Gegenwart, umgeben von konzentrischen Kreisen (Farb- oder Lichtkugeln), die den Kausalkörper bilden. So erschafft uns Gott, der Vater und Mutter zugleich ist, nach seinem Ebenbild – Mann und Frau.

Abbildung 1

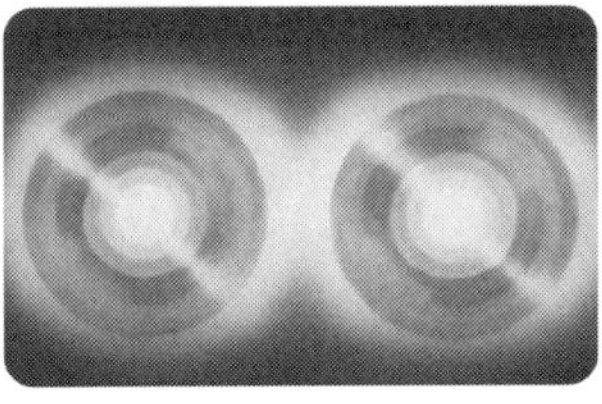

Abbildung 2

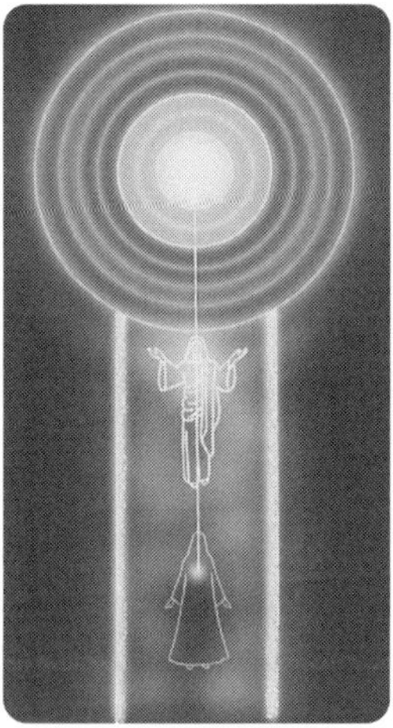

Abbildung 3

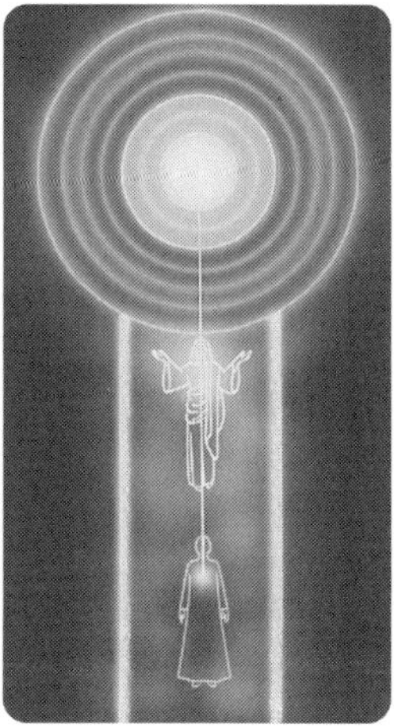

Abbildung 4

(Abb. 3 und 4) Jede ICH BIN-Gegenwart entsendet dann einen Strahl, eine Seele. Jede Seele konzentriert sich auf eine entgegengesetzte Polarität – die eine eine männliche Polarität, die andere eine weibliche. Zwischen der Seele, die sich auf der Erde weiterentwickelt, und der ICH BIN-Gegenwart steht das Christus-Selbst, unser persönlicher Mittler zwischen Geist und Materie. Es ist uns möglich, aufzusteigen und mit unserem Christus-Selbst eins zu werden, indem wir unseren freien Willen üben und die Meisterschaft auf Erden erringen. Diese 'alchemistische Hochzeit' muss der ewig währenden Ehe von zwei Zwillingsseelen vorausgehen.

(Abb. 5 und 6) Adam und Eva symbolisieren die Prüfung, die von Gott an alle Zwillingsseelen herangetragen wird. Obgleich jeder von uns aus dem Geist entsprungen ist, um unsere Mission zu erfüllen und uns die Erde 'untertan zu machen', sind wir alle, bedingt durch unseren eigenen Ungehorsam und unsere Rebellion gegen das kosmische Gesetz, aus dem Zustand der Perfektion (dem Paradies) heraus 'gefallen'. Infolgedessen mussten wir den Kummer erleiden, über viele Inkarnationen hinweg (im Bemühen um den Ausgleich unseres Karmas) von unserer Zwillingsseele getrennt zu sein.

Abbildung 5

Abbildung 6

(Abb. 7) Sobald Zwillingsflammen die Energie Gottes missbraucht hatten, begannen sie, negatives Karma anzuhäufen – Energiespiralen, die dichte, negative Schichten in ihrer Aura bilden, die sie von ihrer ICH BIN Gegenwart und ihrer Zwillingsseele trennen.

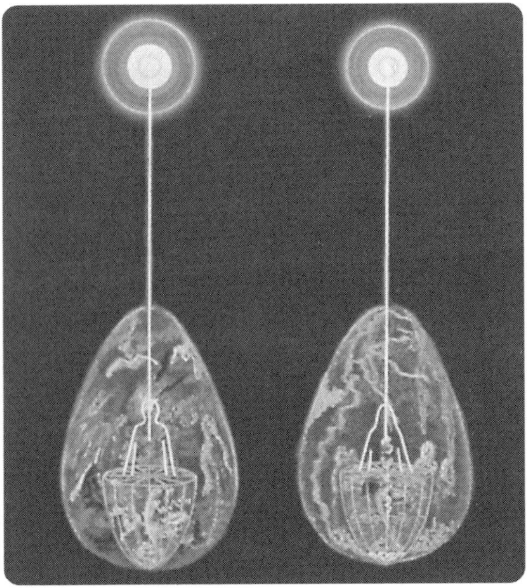

Abbildung 7

(Abb. 8) Indem man die Violette Flamme mit ihrer verwandelnden Kraft täglich benutzt, kann man diese negative Energie – wie etwa Groll, Ärger, Angst, Frustration – ihrer Negativität entledigen und reinigen, sodass sie sich auf der Ebene des Geistes wieder mit den sieben Hüllen oder Ringen des Kausalkörpers vereinen kann und zu unseren 'Schätzen, die im Himmel angehäuft werden', wird.

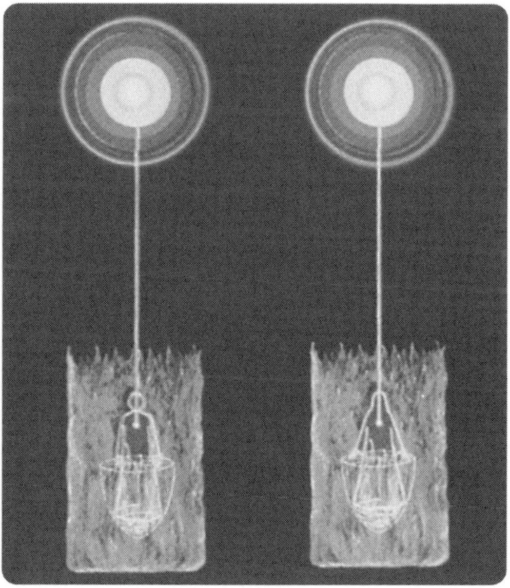

Abbildung 8

(Abb. 9 und 10) Wir können uns mit unserer Zwillingsseele auf den inneren Ebenen verbinden, indem wir die dreifaltige Flamme Gottes in unserem Herzen entfachen und uns der dynamischen Polarität unserer Liebe bedienen, um unsere Mission zu erfüllen. Unsere endgültige und höchste Vereinigung vollzieht sich dann, wenn wir mit unserer ICH BIN-Gegenwart eins geworden und auf der Ebene des Geistes als unsterbliche, göttliche und freie Wesen erneut vereint sind.

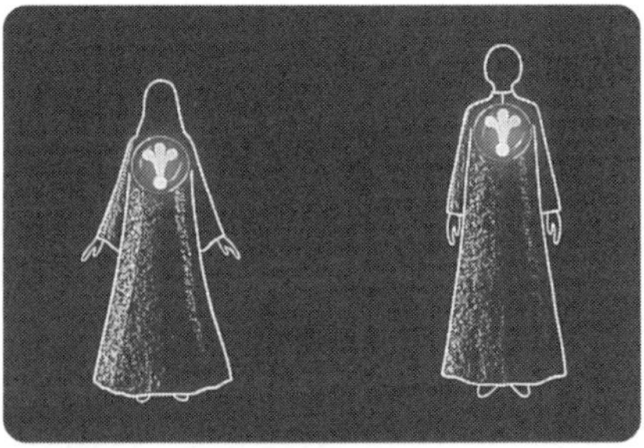

Abbildung 9

Abbildung 10

DER INNERE KONTAKT ZWISCHEN ZWILLINGSSEELEN

Es ist möglich, dass Ihrer Zwillingsseele die Befreiung ihrer Seele bereits gelungen ist, und sie sich wieder mit Gott vereint hat - oder aber sie ist noch auf der Suche nach dem richtigen Weg. Wo sich Ihre Zwillingsseele gerade befindet - d. h., in welchem Bewusstseinszustand sie gerade ist - kann Ihre eigene Fähigkeit, zur Ganzheit zu finden, stark beeinträchtigen. Da Sie beide die gleiche Persönlichkeitsmatrix besitzen - wie das Muster einer Schneeflocke, die im ganzen Kosmos einzigartig ist - wird jegliche Energie, die Sie aussenden, mit diesem spezifischen Muster geprägt oder belegt. Gemäß dem Gesetz der gegenseitigen Anziehung gleicher Dinge fließt jede Energie, die Sie aussenden, zu Ihrer Zwillingsseele - und hemmt diese oder hilft dieser auf dem Weg zur Ganzheit.

Senden Sie Liebe oder Hoffnung aus, so werden diese Qualitäten Ihre Zwillingsseele aufbauen. Sind Sie jedoch frustrationsgeladen oder hasserfüllt, so wird Ihre

Zwillingsflamme das Gewicht dieser disharmonischen Gefühle ebenfalls verspüren. Manchmal sind Freude oder Depression, die Sie aus unerklärlichen Gründen empfinden, Stimmungsbilder Ihrer 'zweiten Hälfte', die sich in Ihrem eigenen Bewusstsein bemerkbar machen.

Sie können Ihre spirituellen Fortschritte beschleunigen, wenn Sie in Ihren Gebeten, Meditationen oder dynamischen Dekreten* Ihre ICH BIN-Gegenwart anrufen, um den inneren Herzenskontakt mit Ihrer Zwillingsflamme herzustellen. Sie können beispielsweise folgende Anrufung sprechen:

"Im Namen Christi rufe ich die gesegnete ICH BIN-Gegenwart unserer Zwillingsflammen an, um unsere Herzen zu einem zu verschmelzen, auf dass unsere Mission für die Menschheit siegreich verlaufe. Ich rufe das Licht des Heiligen Geistes an, damit es alles negative Karma verzehren möge, das die volle Entfaltung

* Dekrete sind rhythmische Gebete, die eine kraftvolle spirituelle Energie herbeirufen. Diese Lichtenergie hat in Kombination mit Visualisierungen die besondere Eigenschaft, negative Aspekte unseres Selbst zu löschen und zu verwandeln und die positiven Aspekte zu fördern.

unserer göttlichen Identität und die Erfüllung unseres göttlichen Planes begrenzt."

Indem Sie diese Worte sprechen, können Sie sich, selbst wenn Sie noch in getrennten Kugeln leben, auf höheren Ebenen spirituell vereinen und Licht in Ihre eigene Welt und die Welt Ihrer Zwillingsflamme bringen, um das gemeinsame Karma auszugleichen. Dieser innere Kontakt verstärkt das Licht und Ihre gegenseitige Anziehung. Damit wird die überwältigende Kraft der Polarität Ihrer Liebe freigesetzt, sodass Sie in der Lage sind, den Konflikten, die unausweichlich all diejenigen auf die Probe stellen, die die Liebe verteidigen, standzuhalten.

Inspiriert durch die Großartigkeit der Liebe haben Künstler, Schriftsteller und Komponisten zu allen Zeiten sowohl die Höhenflüge als auch die tragischen Tiefen der Liebe zum Ausdruck gebracht. An vielen ihrer Meisterwerke können wir ein inneres Verständnis für die Zwillingsseelen, für ihre Liebe zueinander und Ihre Begegnungen mit dem Karma und dem Gesetz des Kosmos ablesen.

Viele berühmte Opern lassen sich aus dieser Perspektive heraus interpretieren. Selbst wenn einige Arien und Duette uns einen Hauch der grandiosen Liebe, die zwischen Zwillingsseelen besteht, erahnen lassen, so endet die Handlung doch oft in Leid, Tragik oder Tod, da einer oder beide Partner einen Test ihrer persönlichen Meisterschaft nicht bestehen - weil sie den eigenen, individuellen Weg mit Gott noch nicht besiegelt haben. Solch dramatische Geschichten weisen uns auf die Fallen hin, in welche wir geraten können, wenn wir danach streben, die höchste Liebe zu erlangen. Sie helfen uns auch dabei zu erkennen, was wir *nicht* tun sollten.

MADAME BUTTERFLY

Puccinis 'Madame Butterfly' handelt von der Geschichte des amerikanischen Leutnants Pinkerton und seiner Vernunftehe mit Butterfly, einem gutgläubigen, 15-jährigen japanischen Mädchen. Diese beiden Seelen verkörpern Zwillingsseelen. Ihre östliche und westliche Kultur symbolisieren die männliche und weibliche Polarität von Zwillingsseelen und die Kluft, die Seelen voneinander trennt, die ihr Karma noch nicht ausgeglichen haben und infolgedessen den Schmerz der Trennung ertragen müssen.

Pinkerton, abgehärmt durch das Leben, hat das Gefühl für die Reinheit der wahren Liebe verloren. Obwohl er sich von der Schönheit und dem Charme von Butterfly angezogen fühlt, plant er entschlossen, sie im Tausch gegen eine amerikanische Ehefrau zu verlassen. In der kurzen Zeit, die sie miteinander verbringen, teilen Pinkerton und seine japanische Braut tief erfüllte Momente der Liebe - in welchen sich ihre Seelen in Erinnerung an ihre ursprüngliche Ganzheit in Gott zu einer Flamme vereinen. Die Frucht dieser Vereinigung ist die Empfängnis eines Kindes - ein Symbol ihrer großen Liebe.

Doch der Leutnant erkennt nicht, dass sie dieses Kind unter ihrem Herzen trägt, und ist von seinem eigenen Ehrgeiz, von seiner kulturellen Arroganz und seinen selbstsüchtigen Wünschen geblendet. Er kehrt nach Amerika zurück und lässt Butterfly allein zurück, die auf seine Rückkehr hofft. Sie wartet geduldig und voller Hoffnung und hält tagtäglich nach seinem Schiff Ausschau.

Pinkerton kehrt einige Jahre später zurück - mit einer amerikanischen Ehefrau. In ihrem Kummer darüber, dass ihre Zwillingsseele sie im Stich gelassen hat, nimmt Butterfly sich das Leben.

Lohengrin

Wagners Oper 'Lohengrin' illustriert die Beziehung zweier Zwillingsflammen: Eine Seele ist bereits in den Geist aufgestiegen und bemüht sich darum, ihrem geliebten Partner zu helfen - der die Prüfungen und Initiationen auf Erden noch zu bestehen hat.

Elsa wird fälschlicherweise angeklagt, ihren Bruder ermordet zu haben. Doch sie vertraut voll und ganz auf die Ankunft eines Ritters in einer strahlender Rüstung, der sie retten wird. Lohengrin, Elsas aufgestiegene

Zwillingsseele, antwortet dem Ruf ihrer inneren Stimme und steigt von den höheren Ebenen herab, um sie zu retten. Er gleitet in einem Boot auf einem See dahin, das von einem magischen Schwan gezogen wird. Er ist ein Gralsritter vom magischen Gralsschloss, eine Seele, die Gott erkannt hat und aus einem anderen Reich kommt.

Sie heiraten. Doch Lohengrin, als spiritueller Lehrer seiner Zwillingsseele, weist Elsa an, dass sie niemals nach seinem Namen fragen darf. Dies ist die große Prüfung, mit der ihre Liebe auf die Probe gestellt wird - die gleiche Prüfung, die Cupido im klassischen Mythos von "Cupido und Psyche" von Psyche gefordert hat. Weder Psyche noch Elsa konnten der Versuchung widerstehen - beide erliegen der menschlichen Schwäche der Neugier und entdecken die wahre Identität ihres Geliebten. Auf Grund dieses Ungehorsams fordert das kosmische Gesetz nochmals ihre Trennung. Lohengrin kehrt auf die Ebene des Geistes zurück - um dort wie Cupido darauf zu warten, dass seine Zwillingsseele die Meisterschaft über sich selbst erringt, und sie letztendlich vereint werden.

Die Literatur strotzt nur so von berühmten Liebespaaren, die durchaus Zwillingsseelen gewesen sein könnten: Dante kommt schließlich zu dem Punkt, wo Beatrice ihn zu Christus führen kann, Penelope hütet treu die Flamme der Liebe, die Odysseus von seinen Irrfahrten nach Hause lotst, Evangeline ist unermüdlich auf der Suche nach ihrem Geliebten, Shakespeare lässt seine Liebe zur Sonett-Dame strömen, Romeo und Julia, Lancelot und Guinevere, Tristan und Isolde, Hiawatha und Minnehaha, Robert und Elizabeth Barrett Browning - all sie teilten eine Liebe, die für Zwillingsseelen typisch ist.

SEELENPARTNER

Nicht all die schönen und die Seele erfüllenden Liebesbeziehungen bestehen nur zwischen Zwillingsseelen. Es gibt auch die Liebe zwischen zwei sehr nahestehenden, verwandten Seelen, den Seelenpartnern.

Ein Seelenpartner ist etwas anderes als eine Zwillingsseele. Seelenpartner kommen zusammen, weil sie daran arbeiten, die gleiche Art von Karma zu meistern und die Energien des gleichen Chakras zu entfalten.* Seelenpartner unterstehen einer gegenseitigen Anziehung, die auf der heiligen Arbeit und dem Weg zur Meisterschaft über sich selbst basiert. Ein Seelenpartner ist wie unser eigenes Echo in der Materie, der an der gleichen Aufgabe arbeitet, um für Gott eine Blaupause zu erfüllen.

Maria und Joseph, die Eltern von Jesus, waren Seelenpartner, die die Verantwortung übernommen hatten, den Christus in ihrem Sohn zu nähren. Die Zwillingsseelen beider befanden sich in höheren Reichen des Lichts und hielten dort die Balance für ihre Mission. Viele Menschen, die noch damit beschäftigt sind, ihr Karma auszugleichen, die sich jedoch auf dem spirituellen Weg befinden, fühlen sich zu ihrem Seelenpartner hingezogen, um eine gemeinsame Aufgabe - Dharma - oder einen heiligen Dienst zu erfüllen.

---

*Chakren sind spirituelle Zentren in uns, die den Energiefluss steuern und verschiedene Ebenen des Bewusstseins darstellen.

Karmische Ehe

Neben den Bindungen zwischen Zwillingsseelen und Seelenpartnern beobachtet man häufig noch eine dritte Art der ehelichen Beziehung – die karmische Ehe. Hier fühlen sich zwei Individuen zueinander hingezogen, um gemeinsames Karma auszugleichen. Ehen dieser Art sind oft schwierig, doch sie sind wichtig auf dem Weg zur Erlangung der Meisterschaft auf dem spirituellen Pfad. Der Ehemann und die Ehefrau erlangen auch positives Karma, indem sie ihre Kinder gut versorgen und ernähren.

Einige dieser Ehen bieten möglicherweise auch die Gelegenheit, schwere Verbrechen, wie Mord, Betrug oder extremen Hass auszugleichen. Sehr oft besteht die einzige Möglichkeit, die Speicherung dieses Hasses aufzulösen, in der starken Liebe, die über die Ehemann-Ehefrau-Beziehung zum Ausdruck kommt.

DIE EHELICHE VEREINIGUNG

Gott hat die menschliche Institution der Ehe als Gelegenheit für zwei Individuen gesegnet, um Vollständigkeit über den Austausch ihrer Alpha- und Omega-Polaritäten zu entwickeln. Ob es sich um die Vereinigung von Zwillingsseelen, Seelenpartnern oder karmischen Partnern handelt - die Ehe zwischen Mann und Frau hat eine mystische Bedeutung. Sie erinnert an die Vereinigung der Seele mit der geliebten ICH BIN-Gegenwart durch Christus, den gesegneten Mittler zwischen Himmel und Erde.

Jesus demonstrierte die Bedeutung der Ehe als Initiation auf dem spirituellen Weg, als er sein erstes Wunder in der Öffentlichkeit anlässlich der Hochzeit zu Kanaan vollbrachte - er verwandelte Wasser in Wein. Die Essenz dieser Botschaft lautete, dass die Ehe, wenn sie nicht durch den Heiligen Geist verwandelt wird, nur eine Erfahrung im Außen bleiben wird. Es bleibt unserer Entscheidung überlassen, uns mit einer Ehe zufrieden zu geben, deren Basis das Wasser des menschlichen Bewusstseins ist, oder ob wir eine Ehe wünschen, die auf dem Wein des göttlichen Bewusstseins gründet.

Der kosmische Austausch der göttlichen Liebe in der ehelichen Beziehung sollte dieselbe kreative Liebe umfassen, die das Universum zu Beginn der Schöpfung umfing, als Gott der Vater den Befehl sprach: "Es werde Licht!" und Gott die Mutter antwortete: "Und es ward Licht." Dieser kreative Fluss lässt sich nicht nur in einer körperlichen Vereinigung ausdrücken, sondern auch in Zyklen hingebungsvollen Zölibats, während derer jeder Partner sich nach innen wendet, um mit seiner geliebten ICH BIN-Gegenwart zu kommunizieren.

Der Austausch der heiligen Energien bei der sexuellen Vereinigung dient dem Transfer der verschiedenen Ebenen des kosmischen Bewusstseins - unserer kausalen Lichtkörper. Die Lichtenergie, die bei dieser Verschmelzung entsteht, verstärkt die positiven Eigenschaften beider Partner und stärkt ihre eigene göttliche Identität. Dadurch wird es ihnen möglich, ihre gemeinsame Bürde des Karmas zu tragen. Da die Vereinigung der Liebe Gottes geweiht ist, bringt die harmonische

Verschmelzung der reinen Vater- und Mutterenergien den Sohn hervor, das Christusbewusstsein - sei es in Form eines Kindes, einer Inspiration, einer erfolgreichen Unternehmung oder eines Kunstwerkes.

Wird dieser Austausch nicht durch die Erkenntnis, dass Gott sowohl der Liebende als auch der Geliebte ist, vom spirituellen Geist erfüllt, so mögen diese beiden

Individuen zwar körperliches Vergnügen erfahren, doch sie übernehmen unbewusst gegenseitig ihre karmischen Muster, ohne in den Genuss einer spirituell verwandelnden Liebe zu kommen. Dies kann eine Erklärung für die häufigen Identitätskrisen von Menschen darstellen, die oberflächliche intime Beziehungen pflegen. Sie übernehmen auf diese Weise viele karmische Identitäten und neutralisieren damit wirksam ihre eigene Identität, sodass sie schließlich nicht mehr wissen, wer sie wirklich sind.

Der Kreis der Einheit

Im Folgenden schildere ich Ihnen ein Ritual, das Sie benutzen können, um Ihre heilige Vereinigung mit Ihrem Partner zu weihen und Ihren gegenseitigen Energieaustausch in der Reinheit von Gottes Liebe zu besiegeln. Sie können dieses Ritual auch benutzen, um Ihre Einheit mit Ihrer Zwillingsflamme und mit Gott zu feiern.

Stellen Sie sich hin (allein oder mit Ihrem Partner), und betrachten Sie die Abbildung Ihres göttlichen Selbst*, während Sie sich innerlich auf den Stern Ihrer Göttlichkeit einschwingen - auf Ihre ICH BIN-Gegenwart. Meditieren Sie über die heilige Flamme, die in Ihrem Herzen brennt. Visualisieren Sie, wie der Lichtbogen Ihrer Liebe von Ihrem Herzen zum Herzen Ihrer ICH BIN-Gegenwart aufsteigt. Tauchen Sie Ihre rechte Hand in das Feuer Ihres Herzens und zeichnen Sie den Kreis der Einheit um sich herum (um Sie selbst und um Ihren Partner, Ihre Zwillingsseele oder Ihre ICH BIN-Gegenwart), während Sie sich in einem Zustand der liebevollen Verehrung des Einen befinden. Visualisieren Sie diesen Kreis, der ca. vier Meter Durchmesser misst, als heiligen Feuerwall, der alles abhalten wird, was Ihrer Vereinigung im Weg stehen könnte.

Stellen Sie sich vor, wie Sie einen Pluspol und einen Minuspol kosmischer Energie bilden, zwei Hälften des wirbelnden Tai Chi. Lenken Sie Ihre Liebe auf die Vereinigung Ihrer Seele mit Ihrer ICH BIN-Gegenwart und

* s. S. 144 und die Anmerkung auf S. 145 ff

auf die höchste Vereinigung mit Ihrer Zwillingsseele innerhalb des geheiligten Kreises Gottes. Rufen Sie als zusätzlichen Schutz für Ihre Einheit täglich die Cherubim an, denn sie sind die Wächter der Liebe.

Erst nachdem Dante durch die Hölle und das Fegefeuer gegangen ist, um für seine Sünden zu büßen, erfährt er die göttliche Liebe des Paradieses gemeinsam mit seiner wahren Liebe, Beatrice. Hier führt sie Dante zu Christus.

Eine äußerst wichtige Mission erwartet diejenigen, deren Energien sich mit der göttlichen Liebe in Harmonie befinden. Ich habe schon Zwillingsseelen erlebt, deren Liebe niemals nachließ. Sie konnten eine ganze Stadt in Balance halten und mit ihren täglichen Anrufungen Hass, Verbrechen und Mord verwandeln, indem sie diese innere Balance hielten.

Dies ist eine hohe und heilige Berufung. Sie ist nicht für weltlich orientierte Menschen bestimmt, die sich eine Vergnügungskultur ersehnen und die darinliegende Sinnlichkeit auskosten wollen. Es handelt sich vielmehr um den wahren, inneren Weg derjenigen, die verstanden haben, dass in unserem Inneren ein Kosmos im Entstehen ist, dass es eine Welt gibt, die gerettet werden muss, dass Millionen von Seelen unsere Liebe brauchen, und dass es sich hierbei niemals um eine selbstsüchtige Liebe handeln kann.

Im Zuge des Zynismus unserer heutigen Zeit haben jedoch viele das Gespür für die Kraft der reinen Liebe verloren. Nur wenige scheinen noch diese begeisterte, freudige Haltung gegenüber dem Leben zu haben, das uns jeden Tag eine neue Gelegenheit bietet, um unsere

Liebe den Menschen um uns herum als einzigartiges Geschenk weiterzugeben. Allzu oft unterschätzen wir unsere Fähigkeit, das Leben anderer zu verändern, indem wir mit unserem Beispiel vorangehen.

Djwal Kul, der weltberühmte 'Meister D. K.', erzählte einmal die Geschichte vom Müller und seiner Frau:

"Am Meer lebte einst eine gute Seele, ein Müller. Gemeinsam mit seiner Frau mahlte er das Korn für die Menschen in ihrer Stadt. Und es zeigte sich, dass im ganzen Land in keinem Ort so viel Freude herrschte wie dort. Ihre Landsleute rätselten und überlegten, denn es musste sich wohl etwas Ungewöhnliches ereignet haben, sodass die Bewohner dieser Gemeinde so außerordentlich weise und glücklich waren. Und obgleich alle Bewohner der Stadt in dieser Gemeinde geboren wurden, dort aufwuchsen, erwachsen wurden und schließlich wieder von der Bühne des Lebens verschwanden, gelang es ihnen während ihres ganzen Lebens nicht, dieses Rätsel zu lösen.

Heute werde ich den Schleier lüften und euch erzählen, warum die Menschen dieser Gemeinde so glücklich und reich, so zufrieden und weise waren.

Es lag am Dienst des Müllers und seiner Frau und an der Liebe, die sie in das Mehl hineingaben. Denn diese Liebe wurde in den Mehlsäcken auf den Rücken derjenigen heimgetragen, die in dieser Mühle Kunden waren, und dann in ihr Brot gebacken. Bei jeder Mahlzeit strahlte die belebende Kraft der Liebe des Müllers und seiner Frau vom Tisch aus und durchflutete ihre physischen Körper, während sie das Brot aßen. So wurde diese Liebesschwingung vom Müller und seiner Frau wie eine Art radioaktive Energie in der Stadt verbreitet.

Die Nachbarn kannten den Grund für ihr Glück nicht, und keiner der Menschen konnte ihn ergründen. Denn manchmal sind die Menschen – auch wenn sie Seite an Seite leben – nicht in der Lage, die einfachsten Geheimnisse übereinander in Erfahrung zu bringen."

ALCHEMIE IM WASSERMANNZEITALTER

Ebenso, wie der Müller und seine Frau ihre Liebe anderen schweigend weitergaben, beeinflussen auch Sie und Ihre Zwillingsseele bzw. Ihr Partner unzählige Leben über Ihre 'radioaktiven' Gedanken, Gefühle und Handlungen. Sie besitzen die Möglichkeit, dem Leben auf die Sprünge zu helfen oder ihm eine Last aufzubürden - indem Sie sich in der negativen Energie Ihres alten Karmas, das in Ihrem Bewusstsein an die Oberfläche dringt, bewegen, oder indem Sie diese Energie als Herausforderung annehmen, um sie zu verwandeln und Harmonie und Liebe entstehen zu lassen.

Der Schlüssel zur Verwandlung oder Auflösung alten Karmas und der Erfüllung Ihrer Mission gemeinsam mit Ihrer Zwillingsseele liegt in der Violetten Flamme - einer spirituellen Energie, die Gott dem Menschen geschenkt hat, um seinen Übertritt ins Wassermannzeitalter zu beschleunigen.* Durch diesen

Prozess des Heiligen Geistes wird negative Energie verwandelt - Wut in Liebe, Reizbarkeit in Frieden, Misstrauen in Vertrauen -, sodass Sie das Leben positiv beeinflussen können, während Sie sich auf Ihrem spirituellen Pfad hin zum endgültigen Sieg bewegen.

Wenn Sie diese Violette Flamme visualisieren und sie in Ihr Bewusstsein rufen, beginnt sie augenblicklich, negative Energiemuster, die sich über Tausende von Lebensjahren angesammelt haben, zu verwandeln. Sie beginnen, ein Gefühl der Freude, Leichtigkeit und Hoffnung zu verspüren. Es ist, als wäre Ihr gesamtes Bewusstsein in eine chemische Lösung lilafarbener Flüssigkeit getaucht, die das Karma der Jahrhunderte auflöst.

Dies ist die Erlösung, auf die viele Menschen gewartet haben. Auf diesen Moment haben wir uns Zehntausende von Jahren hin entwickelt. Für diesen Moment haben wir die Zyklen durchlebt, um Gott als den Vater und Gott als den Sohn zu verstehen. Nun treten wir in die Energie des Heiligen Geistes ein, die

* Die nächsten 2000 Jahre, die nach dem Fischezeitalter folgen, das mit der Geburt von Jesus Christus begann.

heilige Wissenschaft der Alchemie bzw. der Selbstverwandlung - mit Hilfe der Violetten Flamme.

Ein einfaches, jedoch kraftvolles Mantra mit der Violetten Flamme, das Sie sprechen können, ist folgendes:

"ICH BIN ein Wesen des violetten Feuers, ICH BIN die Reinheit, die Gott wünscht."

'ICH BIN' ist die Affirmation Gottes in uns, der ICH BIN-Gegenwart - der gleichen Gegenwart, die Moses gegenüber erklärt hat: "ICH BIN DER ICH BIN ... Das ist mein Name ewiglich, dabei soll man mein gedenken für und für" (2. Mose 3,14 - 15). Tagtäglich die Mantras zur Violetten Flamme zu sprechen und so in die reinigende Energie der Violetten Flamme einzutauchen, ist die schnellste und effektivste Art, um unsere Harmonie aufrechtzuerhalten und unsere Bewusstseinsprozesse zu beschleunigen, die uns schneller zu unserer letztendlichen Vereinigung mit Gott und unserer Zwillingsseele führen. (Weitere Mantras zur Violetten Flamme siehe Seite 159 ff)

Dies ist die Taufe des Heiligen Geistes, die im neuen Testament von Johannes dem Täufer angekündigt wurde (Matthäus 3,11). Es ist das Geschenk Gottes für das Wassermannzeitalter. Auf diese Weise werden die Tage für die Auserwählten verkürzt - bis zu ihrer Heimreise, bis zur Überwindung der Zyklen des Rads der Wiedergeburt.

Sehnsucht nach der Ganzheit

Das Wassermannzeitalter, in das wir eingetreten sind, ist eine Zeit, in der es um das Verständnis der polaren Energie Gottes in Form der männlichen und weiblichen Prinzipien des Universums geht. Wie wir diese

Energie als unsere wahre Identität empfinden, wie wir sie als Essenz von Zwillingsseelen verstehen und wie wir sie als integrierende Kraft göttlicher Liebe zur Verbesserung der Menschheit einsetzen, wird darüber entscheiden, ob wir als Individuen - und letztendlich auch als menschliche Rasse - überleben werden oder nicht.

Vielleicht lesen Sie dieses Buch gerade jetzt in diesem Augenblick, weil zwischen Ihnen und Ihrer Zwillingsseele nur noch eine Schicht negativer Energien steht, die förmlich darauf wartet, von der freudigen, sprudelnden Energie der Violetten Flamme verzehrt zu werden.

Ihre Mission, Ihre Zwillingsseele und Ihre höchste Vereinigung im Herzen Gottes erwarten Sie!

Mark und Elizabeth Prophet, 1972

Liebe, Ehe und mehr:
Was ich in meinem Leben gelernt habe

So erkennen Sie Ihre Zwillingsseele

Zunächst einmal muss ich gestehen, dass ich früher gar nicht wusste, dass es so etwas wie eine Zwillingsseele gibt, bis ich im Alter von 18 Jahren ein obskures Buch über Seelenpartner las.

Mein Bestreben galt in jenen jungen Jahren meiner Suche, die von meiner Kindheit an bis heute anhält, Gott zu finden und zu entdecken, mit welcher Mission er mich betraut hat. Ich war fest entschlossen, die Grundfesten meines Lebens zu finden und zu tun, wovon ich überzeugt war, dass ich es tun musste. Es war wie ein drängender Ruf, der von innen kam.

Rückblickend habe ich festgestellt, dass ich bei meiner Suche nach Gott gelernt habe, meinen Körper nachts im Schlaf zu verlassen, zu den inneren Tempeln zu reisen und mit den Aufgestiegenen Meistern und mit Mark zu arbeiten - der nach den numerischen Berechnungen in diesem Leben etwa 20 Jahre älter als ich gewesen ist.*

Was Zwillingsseelen betrifft, so hat das Lebensalter des Körpers nichts mit dem Alter der Seele zu tun, denn die Seelen sind gleich alt, da sie gemeinsam zu Beginn im 'weißen Feuerkörper' des göttlichen Einen begannen.

Daher trafen wir uns, nachdem Begegnungen auf inneren Ebenen vorangegangen waren, als ich 22 und er 42 Jahre alt war. Ich war auf der Suche nach dem Lehrer und Guru, da ich wusste, dass es irgendwo denjenigen gab, der mir den Schlüssel für meine Mission geben

* Außerkörperliche Seelenreisen zu den 'ätherischen' Rückzugsorten der Aufgestiegenen Meister sind die gängige Methode für die Weiterentwicklung unserer Seele, die Gott uns für die Entwicklung auf Erden geschenkt hat. Die Aufgestiegenen Meister sind erleuchtete spirituelle Wesen, die einst auf Erden gelebt haben, ihren Daseinsgrund für ihre Existenz erfüllt haben und (wieder vereint mit Gott) aufgestiegen sind.

würde. Was ich jedoch nicht wusste, war, dass mein inneres Wissen auch das Bewusstsein beinhaltete, dass mein Lehrer zugleich auch meine Zwillingsseele sein würde.

Als ich daher Mark Prophet zum ersten Mal sah, erkannte ich ihn als eben den Lehrer. Er seinerseits erkannte in mir, als er mich das erste Mal sah, seine Zwillingsseele.

Es war eine sehr interessante Erfahrung. Ich war so einseitig darauf ausgerichtet, den Lehrer zu finden, und so in Hochstimmung darüber, ihn gefunden zu haben, dass es mich damals beinahe belastete, gleichzeitig mit einer anderen Art von Bindung konfrontiert zu werden.

Ich wollte absolut sicher sein und die Bestätigung in mir selbst erfahren, dass jeder Schritt, den ich tat, richtig und der Wille Gottes war, um keinen Fehler zu ungunsten irgendeines Bereiches in meinem Leben zu begehen. Daher bat ich Gott, mir zu offenbaren und in meinem Inneren zu bestätigen, dass dies auch wirklich meine Zwillingsseele war.

Wochen später machte ich eine äußerst verblüffende Erfahrung. Es war eine jener unauslöschlichen Erfahrungen, die mit der Zeit niemals verblassen. Beim

Ankleiden fiel mein Blick zufällig in den Spiegel. Und ich schaute hoch und sah nicht mich selbst - ich sah das Gesicht von Mark Prophet ...

Nun, wenn Sie sich irgendwie vorstellen können, dass Sie in den Spiegel blicken und dort nicht sich selbst sehen: Dies ist ein schockierendes Erlebnis.

Was ich sah, war wahrhaftig die Enthüllung des inneren Seelenmusters, nicht nur der Seele, die das Potenzial verkörpert, Gott gleich zu werden. Was ich sah, war das Bild des 'Menschen hinter dem Menschen'. Es war, als sähe ich das archetypische Spiegelbild meiner Person in Form der männlichen Polarität.

Ich ging näher heran, um es eingehender zu betrachten. Es verblasste nicht, sondern 'wartete' darauf, bis ich jede Linie davon in mich aufgenommen hatte. Es war uralt. Es war schon immer da. Es war aus Marmor gehauen, in Kristall geschnitten, und dennoch 'ein Stück Fleisch von meinem Fleisch'. Ich sah, dass ich das Spiegelbild in der negativen (weiblichen) Polarität jenes positiven (männlichen) Bildes war.

Als mein Ich die Bestätigung des inneren Musters vollständig registriert hatte, befand sich sein Gesicht nicht mehr länger im Spiegel, sondern war in meiner Seele voll und ganz erwacht.

Es war sehr beeindruckend, die Bedeutung der Zwillingsseele zu betrachten - diese innere Wahrheit gespürt zu haben und nun zu verstehen, wie die Zwillingsflamme in der Tat man selbst sein konnte - die andere Hälfte, das göttliche 'Alter Ego' (um es irgendwie zu definieren), so wie die Person, die man auf der anderen Seite von sich selbst ist.

Dieses Bewusstsein geht der Liebe voraus. Man muss zuerst das Mysterium des Lebens selbst betreten, bevor man liebt. Man ist noch nicht richtig bereit zu lieben - man hat noch viel darüber nachzudenken. Und ich dachte - und dachte:

Es war nicht zu leugnen - die unausweichliche Wahrheit. Es gab kein Zurück. Die Würfel waren jenseits von Raum und Zeit gefallen. Jetzt war ich an der Reihe, mich zu entscheiden, auf eine vorbestimmte Wirklichkeit zu reagieren. Oder dieser zu entfliehen - doch wie? Sie würde mich immer begleiten. Er war ich, so wie er es mir gesagt hatte.

Ich hatte Gott angerufen und um meinen Lehrer gebeten - und er hatte mir meine Zwillingsseele gesandt. Nun mussten wir uns in unserem Leben Klarheit verschaffen und unseren Kurs bestimmen.

Dieses innere Wissen - dieses unumstößliche Wissen der Seele - hat nichts damit zu tun, im menschlichen Sinne des Wortes verliebt zu sein.

Ich möchte diesen Punkt klarstellen, denn solange ich während der letzten 37 Jahre seit diesem Erlebnis Vorträge halte, habe ich Hunderte von Briefen von Menschen zum Thema 'Zwillingsseelen' erhalten. Darin wird berichtet, dass diese Menschen ihre Zwillingsseele gefunden haben. Dabei stützen sie sich auf eine menschliche Liebeserfahrung, übereinstimmende Persönlichkeitsmerkmale und die Astrologie, oder auf andere Indizien, die mehr auf eine Seelenpartner-Beziehung oder eine karmische Polarisierung hindeuten, als auf die innere Wirklichkeit von Zwillingsseelen.

Es mochte bei ihnen ein Hinweis darauf vorliegen, dass sie zueinander passten. Jedoch bestätigten sie nicht notwendigerweise gleichzeitig die Tiefe der Seeleneinheit, die wir finden, wenn wir zum Kern unseres Seins vorstoßen, wo die Wahrheit über unsere Zwillingsseele bekannt ist.

Erinnern wir uns an die Worte des Apostel Paulus, der sagte: "Fleisch und Blut können nicht das Reich Gottes ererben" (1. Korinther 15,50). Wir sind nicht auf Grund unseres Fleisches und Blutes, unserer Persönlichkeit, unserer Astrologie, unseres Karmas oder unserer gegenseitigen Anziehungskraft Zwillingsseelen. Wir sind Zwillingsseelen, weil wir unseren Ursprung in der gleichen Seinskugel genommen hatten, die als 'weißer Feuerkörper' bezeichnet wird. Nur wir beide entsprangen aus diesem Einen - nur wir beide teilen dieses einzigartige göttliche Muster - 'Mann und Weib' (1. Mose 1,27), Elohim schuf uns. Und niemand anders wird jemals dasselbe, identische Muster teilen.

Wenn die Zwillingsseelen-Beziehung nicht unmittelbar einem spirituellen Zweck dient - wenn ihre Wiederherstellung in diesem Leben die Spaltung von Heim und Familie bedeutet, wenn sie im Leben der Menschen einen umwälzenden Einschnitt verursachen würde, weil sie sich in unterschiedlichen Situationen befinden, in die sie noch weiterhin verwickelt sein müssen (da sie gerade dabei sind, altes Karma aufzulösen) - dann beschäftigt sich der menschliche Geist oft lieber nicht mit dem, was die Seele auf der Ebene des Unterbewusstseins weiß. Und so erkennt der menschliche Geist nicht immer bereitwillig die 'Vorahnung' an, die stets und ständig in der Seele verankert ist.

Ich habe zum Beispiel schon Zwillingsseelen erlebt, bei welchen der Mann 20 Jahre und die Frau 70 Jahre alt war. Als sie sich begegneten, verliebten sie sich weder auf den ersten Blick noch heirateten sie. Aus der Beziehung entwickelte sich auch nichts weiter als eine treue Freundschaft und eine gegenseitige Zuneigung. In der Tat erkannten sie, obgleich sie unzertrennlich waren, niemals, dass sie Zwillingsseelen waren.

Es war auch nicht erforderlich, dass sie es wussten. Ihre Seelen wussten es, und sie erfüllten das, was sie tun sollten, ohne irgendetwas anderes tun zu müssen, wozu sie gar nicht bereit waren.

Karma in Beziehungen

Eine Begegnung, die zu einer spirituellen Polarität und zu tiefer gegenseitiger Liebe führt, kann die Folge vieler verschiedener Umstände sein. Die Verbindung zwischen zwei Zwillingsseelen ist eine Möglichkeit. Seelenpartner ist eine andere. Und dann ist da noch das Karma ... Die karmische Verbindung kann u. U. die stärkste von allen sein - da sie nicht frei ist, sondern bindend. Da sie sich nicht im Gleichgewicht befindet, fehlt es an innerer Harmonie. Und von Zeit zu Zeit entsteht eine Leere, eine Einsamkeit, die deutlich macht, dass diese Beziehung, die nur auf dem Karma beruht, nicht die richtige ist. Auch dies geht vorüber.

Unter Umständen können wir mehrere solcher Beziehungen zu Menschen haben, mit welchen wir in unseren früheren Leben Karma angehäuft haben - gutes und schlechtes Karma. Manchmal ist die Wirkung, wenn wir jemanden zum ersten Mal treffen, umso intensiver, je schlimmer das Karma war, denn das ist

Gott - der Gott*, den wir selbst durch negative Handlungen in der Vergangenheit eingesperrt haben - und wir stürmen freudig los, um ihn/sie zu begrüßen und ihn/sie von unseren Übergriffen auf ihn/sie in der Vergangenheit zu befreien. Und unsere Liebe ist groß, denn es gibt viel zu verzeihen.

Eine negative Erfahrung in der Vergangenheit - wie etwa Gewalt, abgrundtiefer Hass, Mord, Vernachlässigung der eigenen Kinder, der eigenen Familie, etwas, in das man mit jemandem verwickelt war, das sowohl in dessen als auch in der eigenen Seele ein Ungleichgewicht hervorgerufen hat und vielleicht auch im Leben vieler anderer - wird als Last auf dem Herzen erfahren, die auf der Seelenebene nicht aufgelöst ist. Dabei handelt es sich um einen Zustand, der stark an uns nagt und unser Bewusstsein beeinträchtigt, bis er durch Liebe aufgelöst wird.

Unsere Seele weiß, warum wir inkarniert haben. Vielleicht haben uns unsere spirituellen Lehrer, unser Christus-Selbst oder unser Schutzengel gesagt: "Da ist

* Jeder ist in Wirklichkeit eine Manifestation Gottes und wir begegnen Gott in jedem Bereich unseres Lebens von Angesicht zu Angesicht.

diese Situation mit der und der betreffenden Person, die der Auflösung bedarf. Du und diese Person, ihr habt damals durch eure Nachlässigkeit und euer Versagen den Untergang dieser Stadt bewirkt." Oder: "Weil du deine Verantwortung nicht übernommen hast, waren viele Menschen von einer Hungersnot betroffen."

Derartige Situationen sind nicht unwahrscheinlich. Die Auswirkungen unserer Handlungen - beispielsweise wenn wir eine Sünde begehen oder uns weigern, dem Leben zu dienen - sind sehr groß, und sie wiegen sehr schwer. Auf den inneren Ebenen ist sich die Seele, die sich auf der Heimreise befindet (der Rückkehr zu Gott dem Vater und der Mutter), dieser Dinge sehr bewusst und darum bestrebt, die Fehler der Vergangenheit zu berichtigen - denn sie weiß, dass die Wiedergutmachung von Fehlern, die man in Zeiten der Unwissenheit und der irrtümlichen Saat begangen hatte, die einzige Möglichkeit ist, wieder zu dem himmlischen Ort zurückzukehren, von dem wir kommen.

Auf der Seite des Lichts mag uns ein Meister, bevor wir in dieses Leben inkarniert sind, mitgeteilt haben, dass wir auf Grund der vielen konstruktiven Dienste für die Menschheit, die wir gemeinsam vollbracht haben, mit dieser Person zusammen in diesem Leben eine noch größere Verantwortung übertragen bekommen sollen. Auf Grund unseres guten Karmas werden wir daher glücklich und erfolgreich sein und viele Siege für das Gute im Leben erringen.

Mit der Beschleunigung der Seele auf ihrem Weg ins Wassermannzeitalter ist es gut möglich, dass Sie mehr als eine Beziehung in der einen oder anderen dieser beiden oben dargestellten Arten erleben werden. Wir sind gerade dabei, unser Karma mit einer Reihe von Menschen in diesem Zyklus der Geschichte endgültig aufzuarbeiten.

Dieser Ausgleich unseres Karmas kann zu Leid, Scheidungen, Seelensuche und einem wahren Bedürfnis danach führen zu verstehen, warum unser Leben nicht wie im Bilderbuch verläuft. Das Wissen um Karma und Reinkarnation kann uns viel über den steinigen Weg der Beziehungen beibringen, manch schöne und auch einige sehr unangenehme Tatsachen – allesamt jedoch äußerst wichtig für die Entwicklung der Seele auf dem Weg der Definition unseres wahren persönlichen Selbst über Gott, Christus und unsere Zwillingsseele.

So kann es sein, dass Sie jemandem begegnen - dies kann jederzeit während Ihrer Jugend, aber auch im Alter zwischen 20 und 30 Jahren der Fall sein - und dass diese Begegnung mit berauschender Wirkung in Ihr Leben einschlägt - wie der Zusammenprall zweier Planeten. Dieser Überschwang rührt daher, weil Sie in Ihrem Unterbewusstsein so begeistert sind, dass Sie den Menschen gefunden haben, mit dem Sie ein bestimmtes Maß an Karma ausgleichen können.

Ihre Seele weiß, dass Sie, wenn Sie dieses Karma nicht bewältigen, auf der Spirale des Lebens nicht auf die nächste Stufe kommen können, das heißt, auch keinen neuen Dienst an der Welt übernehmen und nicht die kreativen Projekte verwirklichen können, die Sie mit demjenigen erfüllen möchten, den Sie am liebsten haben - auch wenn Sie sich möglicherweise niemals begegnet sind.

Dieses Gefühl der Verpflichtung äußert sich als Bedürfnis, sich selbst hinzugeben und zu empfangen, als Wunsch, zu lieben und geliebt zu werden, denn die

Flamme der Liebe ist das alles verzehrende Feuer Gottes, das die Erinnerung an die Nicht-Liebe oder Anti-Liebe auflöst, während wir in einer Beziehung geben und nehmen.

Es kann sein, dass Kinder beteiligt sind. Es kann sein, das Sie sich bereit erklärt hatten, eine Reihe von Kindern in diese Welt zu bringen, die Teil einer bestimmten Familie oder eines bestimmten Gruppenkarmas sind. Da das Ziel des Lebens die Vereinigung mit dem Christus-Selbst, die Vereinigung mit Ihrer ICH BIN-Gegenwart und letztendlich die spirituelle Vereinigung mit Ihrer Zwillingsseele ist, kommen Sie zu der Erkenntnis, dass Sie, wenn es Ihnen nicht gelingt, dieses Karma auszugleichen, Ihre perfekte Liebe nicht finden werden.

Je schneller Sie sich also dem Gesetz Ihres eigenen Karmas fügen - das eigentlich das Gesetz der Liebe ist - desto schneller werden sowohl Sie als auch Ihr Partner für den nächsten Schritt in Ihrem göttlichen Plan befreit.

Wir ernten, was wir gesät haben. Indem wir jedoch einander dienen, können wir die karmischen Zyklen beschleunigen.

Vielleicht erleben Sie in einer Beziehung einen sehr intensiven gegenseitigen Austausch dieser Art. Vielleicht hat Sie der Strudel jenes Karmas mit festem Griff gepackt, und Sie sind sich bewusst, welche die Ursachen waren, die die Auswirkungen in Gang gesetzt haben, die sich vor und zwischen Ihnen tagtäglich abspielen - oder Sie befinden sich in seliger Unwissenheit und haben nur Augen für die Liebe.

Sie schweben auf rosaroten Wolken. Es gibt nichts Wichtigeres für Sie. Es gibt niemanden auf der Welt, mit dem Sie lieber zusammen wären. Es gibt nichts, was Sie lieber tun möchten. Da ist die Liebe. Da ist diese Beziehung mit all dem Neuen, was sie mit sich bringt. Sie heiraten. Sie gründen eine Familie. Sie beginnen miteinander zu arbeiten - und Sie beginnen, dieses Karma zu bearbeiten.

Nun, Sie alle kennen den Spruch: "Die Flitterwochen sind vorüber". Diese Redewendung hat mit der Wirkung des Karmas zu tun, die eintritt, sobald es sich um eine feste Beziehung im Ehestand handelt. Daher möchten manche Menschen einfach nicht heiraten

– weil sie einen inneren Widerstand dagegen haben, "die Last des anderen mitzutragen".

Sie möchten einfach nicht die Verantwortung übernehmen. Sie sagen, dass die Ehe alles ruinieren würde. Was sie jedoch wirklich meinen, ist, dass alles so richtig schrecklich verworren werden würde, wenn man sich gegenseitig das Karma abnehmen würde. Beide Partner sind noch zu sehr auf sich selbst ausgerichtet, als dass sie diese Unabhängigkeit aufgeben würden, die nur aufrechterhalten werden kann, wenn sie sich ihre karmische Last nicht gegenseitig abnehmen.*

Genau dies jedoch ist die tiefere Bedeutung des Rituals der Eheschließung – dass wir so sehr lieben, *so intensiv lieben*, dass wir neben unserem eigenen

* Mit jemandem gemeinsam zu leben oder eine Affäre mit jemandem zu haben, sind zwei grundverschiedene Dinge. Für eine Weile mögen wir unser Karma teilen und unsere Ressourcen eine Zeit lang zusammenlegen bzw. gemeinsam freudvolle Erfahrungen machen. Wenn wir dann jedoch wieder getrennte Wege gehen, kehren wir auf den Pfad unseres individuellen Karmas zurück, ohne unser Karma wirklich in der Tiefe ausgeglichen zu haben, indem wir gegenseitig unsere Last getragen haben, wie es für wahren spirituellen Fortschritt erforderlich ist. Je unverbindlicher die Beziehung und je weniger ernsthaft die Verpflichtung ist, desto leichter ist es, dem anderen einfach wieder den Rücken zu kehren, wenn die erste direkte Konfrontation mit dem Karma stattfindet.

das Karma unseres Ehepartners nur allzu bereitwillig teilen und mittragen. Wir möchten auf allen Ebenen des Bewusstseins eins sein.

HEIRAT

Der Eheschwur reflektiert die Verpflichtung zweier Seelen, die sich feierlich geloben: "... von heute an in guten wie in schlechten Zeiten, ob reich oder arm, ob krank oder gesund, einander zu lieben und zu ehren, bis dass der Tod uns scheidet." Diese völlige Einheit auf spiritueller, karmischer und sonstiger Ebene beschrieb Jesus, als er sagte: "... und die zwei werden ein Fleisch sein" (Matthäus 19,5).

Würde es sich bei der Eheschließung um eine rein physische Vereinigung handeln, würde sich eine Scheidung emotional nicht so verheerend auswirken, wenn sie vollzogen wird. Eine Scheidung ist eine Art Operation, bei der zwei Menschen getrennt werden, die eins geworden waren. All die Streitereien darum, wer was bekommen soll, und wem die Kinder zugesprochen werden, dreht sich in Wahrheit nur um den peinvollen Prozess, sein eigenes Selbst ohne sein 'anderes Selbst' neu definieren zu müssen.

Den Eheschwur zu leisten bedeutet, dass wir, wenn wir einander "als mein anvertrautes Eheweib/meinen anvertrauten Ehemann" annehmen, gemeinsam auch mitten im Leben und Karma des anderen stehen, komme, was immer da wolle. Da am Tag der Eheschließung weder die Zukunft noch das Unterbewusste bekannt sind, und der Schwur so 'endgültig' ist, handelt es sich hierbei um den ernsthaftesten Vertrag mit der größten Tragweite, den wir jemals in unserem Leben schließen. Daher warnte uns der Apostel Paulus, uns nicht mit Menschen unter ein Joch stellen zu lassen, die nicht zu uns passen und nicht die gleiche Gesinnung haben wie wir. Er gab uns den Ratschlag, angesichts von zwischenmenschlichen Beziehungen zu überlegen: "Was hat das Licht für Gemeinschaft mit der Finsternis?" (2. Korinther 6, 14).

Heiraten Sie jemanden, der auf dem spirituellen Weg noch nicht so weit ist wie Sie bzw. ein schwer wiegenderes Karma hat als Sie, dann werden Sie, sobald die Flitterwochen vorüber sind, die Last zu spüren bekommen. Sie werden merken, dass Sie das Karma eines anderen Menschen auf sich genommen haben, und dass jemand anderes am Ende davon profitieren wird, da er Ihr ganzes Licht, Ihr Talent oder aber Ihr Geld bekommen hat. Doch möglicherweise möchten Sie das so - da Ihre Liebe so groß ist und Sie sich dieser Person bzw. Gott in dieser Person hingeben möchten.

Es mag die richtige Entscheidung sein. Es mag von Ihrem Karma her bestimmt sein, dass Sie Ihr Leben für diesen alten Freund hingeben sollen, da er Sie einmal aus schrecklicher Not und Verzweiflung errettet hat. Es mag die richtige Entscheidung sein, selbst wenn es sich später als Fehler oder die schlechteste aller möglichen Entscheidungen herauszustellen scheint. Sie trafen die Entscheidung, weil Sie diese Entscheidung treffen mussten - weil Ihre Seele das Bedürfnis hatte, etwas aufzulösen.

Vielleicht haben Sie nur das 'Warum' und 'Wieso' der Faktoren der Entscheidungsfindung in Ihrer ganz persönlichen Psychologie erkennen müssen - oder aber

Sie mussten einen Teil dieser Person kennen lernen, der in Wirklichkeit ein Teil Ihrer selbst ist, der bearbeitet und überwunden werden muss. Dabei kann es sich um einen Teil von Ihnen handeln, von dem Sie sich niemals eingestehen wollten, dass er zu Ihnen gehört, bis Sie dazu gezwungen waren, ihm in der Persönlichkeit eines anderen Menschen zu begegnen.

Ärgern Sie sich nicht über sich selbst, falls Sie derartige Dinge herausfinden sollten. Es ist alles Teil des großen Planes. Gott liebt Sie und möchte, dass Sie ganz in sein Herz zurückkehren - seelisch, spirituell und karmisch ganz. Er bietet Ihnen diese unterschiedlichen Erfahrungen und Begegnungen, damit Sie von der Unwirklichkeit entwöhnt werden, ihn mehr lieben als alle anderen und das Gesicht Christi erkennen, das Ihnen hinter dem Schleier derjenigen Person, die Sie lieben, entgegenlächelt.

Dieses Bedürfnis nach Auflösung lässt sich an einem schönen Beispiel darstellen: Es ist vergleichbar mit dem Gefühl, das eine Auster hat, wenn ein kleines Sandkorn in ihre Schale eindringt und sie ständig bemüht ist, es einzuhüllen, da es in ihrer Welt eine Belästigung, eine Störung darstellt. In dem Bemühen um seine Auflösung schafft sie daraus eine Perle.

Nun, genauso verhält es sich mit dem Karma. Es stört. Und wir möchten es gern glätten. Wir möchten es in Ordnung bringen.

Tja, das Schlimme an dieser karmischen Ehe oder Beziehung, in der Sie stecken, besteht darin, dass Sie niemals ausbrechen können, dass Sie sich niemals befreien können, wenn Sie nicht alle 'Punkte und Kommas' des Gesetzes erfüllen – des Gesetzes des Karmas, das den höchsten Ausdruck der Liebe fordert, um frei zu sein. Wenn Sie nicht das, was zwischen Ihnen steht, voll und ganz auflösen, werden Sie nochmals inkarnieren und mit der betreffenden Person erneut in irgendeine Art von Beziehung treten müssen, und sei es, dass es sich um eine Geschäfts-Partnerschaft handelt.

SCHEIDUNG

Niemand im Himmel oder auf Erden kann Sie von Ihrer Zwillingsseele trennen. Daher sagte Jesus: "Was nun Gott zusammengefügt hat, das soll der Mensch nicht scheiden" (Matthäus 19,6).

Wenn Sie vor den Altar treten, um sich vermählen zu lassen, erhalten Sie *auf Grund Ihrer persönlichen Entscheidung*, auf Grund Ihres freien Willens einen Segen. Doch diese Ehe mag eine Situation oder ein Zustand sein, über den gesagt werden kann, aber eben nicht muss: "Was nun Gott zusammengefügt hat". Ehen werden auf Erden zwischen zwei Menschen aus unterschiedlichen Gründen geschlossen - dadurch sind sie nicht notwendigerweise *die* Ehe, die auch im Himmel geschlossen wurde.

Gott schuf Sie und Ihre Zwillingsseele zu Beginn aus dem gleichen weißen Feuerkörper. Die Geschichte von Eva, die aus der Rippe erschaffen wurde, die von Adam genommen war, ist ein Versuch, diesen mystischen Ursprung zu illustrieren. Auf Grund dieser Einheit im Kern der göttlichen Identität sowie in allen anderen

Bereichen und Umständen des Lebens kann niemand Sie von jener Liebe Gottes in Ihrer Zwillingsseele trennen. Das ist die wahre Bedeutung, die hinter dieser Überlieferung in der Heiligen Schrift steht.

So können karmische Ehen und andere Beziehungen im Leben kommen und gehen und ihren Zweck erfüllen. Solange das Karma aufrechterhalten bleibt (und es keine anderen Möglichkeiten gibt, es aufzuarbeiten) sind diese Beziehungen bindend. Während wir uns mitten in ihnen befinden, können wir aus diesen Ehen auf Erden ein Fest unserer inneren Vereinigung mit unserer Zwillingsseele machen. Das ist legitim.

Was *nicht* legitim ist, ist, wenn Sie solch eine Beziehung halbherzig oder sogar voller Groll betreiben und nicht Ihr Bestes und die lodernste Liebe Ihres Herzens geben, weil Sie sich sagen: "Naja, diese Person ist nicht meine Zwillingsseele. Es handelt sich hier gerade um eine karmische Situation. Daher werde ich mir symbolisch Mühe geben und den Zeitpunkt abwarten, bis mir das Richtige über den Weg läuft." Nun - dies ist eine perfekte Möglichkeit, um die Auflösung Ihres

Karmas hinauszuzögern und sich sogar noch mehr Karma aufzubürden.

Wir betrachten das Leben aus dem Verständnis heraus, dass jeder, mit dem wir es zu tun haben, *Gott ist*. Diese Person ist Gott, der manifestierte Gott. Die göttliche Flamme ist Gott. Das Potenzial ist Gott. Und wir müssen diese Person von ganzem Herzen lieben, mit der reinsten und höchsten Liebe, die wir für Gott und unsere Zwillingsflamme empfinden würden.

Diese Liebe ist befreiend. Sie ist eine verwandelnde Kraft. In Beziehungen müssen wir vergeben können. Wir müssen anderen und uns selbst freizügig vergeben können, denn das ist der Dreh- und Angelpunkt des Karmas. Wir alle haben so vieles zu vergeben, und es gibt so vieles, was man uns vergeben muss, sonst würden wir uns nicht an diesem Punkt in Raum und Zeit auf diesem Planeten befinden.

Daher ist es ganz gleich, ob wir mit unserer Zwillingsseele verheiratet sind, oder ob wir unserer Zwillingsseele jemals begegnet sind. Wichtig ist nur, dass wir erkennen, wie heilig die Ehe und die Beziehung zwischen Mann und Frau ist, und dass diese Polarität auf ewig das 'Alpha und Omega' darstellt - die männlichen und weiblichen Mit-Schöpfer des Lebens im weißen Feuerkörper Gottes, der von den Chinesen als Tai Chi dargestellt wird.

VEREINIGUNG IN DER EWIGKEIT

Wo auch immer sich Ihre Zwillingsseele befindet, und selbst wenn Ihre Zwillingsseele ein kosmisches Wesen ist, braucht Ihre Zwillingsseele Ihre Hilfe und Ihre Liebe. Denn wenn Sie sich in einem negativen Schwingungszustand befinden, können Sie in der Tat die Aktivitäten und den Dienst eines Aufgestiegenen

Meisters, eines Engels oder einer anderen Person, die sich verkörpert hat und versucht, für die Freiheit zu kämpfen, behindern, beispielsweise wenn jemand sich in China gegen die Unterdrückung einsetzt oder jemand in der Psychiatrie auf Station liegt und mit Drogen vollgepumpt wird, bis er nur noch dahinvegetiert.

Wer auch immer Ihre Zwillingsseele ist, wenn Sie Ihr Licht, Ihre Selbstdisziplin oder Ihre Liebe den Freunden und Familienmitgliedern gegenüber, die sich gerade in Ihrem Leben befinden, aufgeben, lassen Sie erstens den Allmächtigen Gott und zweitens Ihre Zwillingsseele im Stich. Letztendlich werden Sie selbst leiden, denn eine Niederlage Ihrer Zwillingsseele bedeutet letztendlich eine Niederlage für Sie selbst.

An dem Tag, an dem Sie wieder in das Herz Gottes aufsteigen werden und wissen möchten, ob Ihre Zwillingsseele ebenfalls aufsteigt, kann es vorkommen, dass jene Zwillingsseele noch gar nicht bereit ist aufzusteigen. Er oder sie mag noch weitere 1.000 Jahre auf Erden inkarnieren müssen, weil Sie nicht bereit waren, dieser Person jene Extraportion an Spiritualität, Licht und Selbstlosigkeit zukommen zu lassen, die sie in eine höhere Dimension des Bewusstseins hätte hineinkatapultieren können. (Ich empfehle Ihnen nicht, dass Sie sich selbst für irgendetwas beziehungsweise alles, was im Leben schief geht beziehungsweise schief gehen kann, Vorwürfe machen. Ich bitte Sie jedoch darum zu überlegen, wie viel mehr Sie für sich selbst und für andere tun könnten, damit nichts schief läuft!) Wenn wir daher sagen: "Kein Mann ist eine Insel, keine Frau ist eine Insel", verstehen wir darunter, dass die Zwillingsseele, als andere Hälfte des Ganzen, die Auswirkungen und den Widerhall unseres Lebens miterlebt. Dieses Wissen hierum verleiht dem Leben den Wert zu handeln – und zwar richtig zu handeln. Unsere Liebe zu teilen, anderen in ihrer Not zu dienen und ihnen bei ihrem Wachstum zu helfen, bedeutet, dass wir uns selbst schon vorab dieser perfekten Liebe hingeben, die wir dort vorfinden werden, wenn wir beide bereit sind – wirklich bereit.

Meinem Verständnis nach ist es im Wassermannzeitalter auch legitim, das Ritual der Eheschließung nicht nur bei der Vermählung von Zwillingsseelen zu feiern, denn die Gesetze Gottes berücksichtigen die menschlichen Umstände und passen sich an.

Wir alle sind zur Zeit menschlichen Umständen ausgesetzt. Jeder von uns hat seine persönliche Schriftrolle, auf der das Gesetz seines Lebens geschrieben steht, das Gesetz seines Karmas. Als Mit-Schöpfer Gottes haben wir gutes und auch schlechtes Karma angesammelt.

Das Gesetz der inneren Matrix ist auf die Unterseite eines Blattes geschrieben. Unser menschliches Karma ist wie ein Schleier, den wir über die ursprüngliche, feurige Matrix gelegt haben. Wir sehen diesen Schleier, und wenn wir genau hindurchschauen, erkennen wir auch, was darunter liegt.

Wir alle wissen, wie dieses Leben für uns eigentlich aussehen sollte, wie wir es im idyllischen, paradiesischen Sinne des Wortes gern haben würden. Dann schauen wir uns um und merken, dass wir uns immer noch abplagen. Doch wir tragen Hoffnung in unserem Herzen: Christus ist die Hoffnung unseres Ruhmes in Gott und in unserer Zwillingsflamme. Die Hoffnung liegt in der Tatsache, dass wir in unserem Inneren die Wahrheit kennen.

Wir wissen, wo wir herkommen. Wir wissen, wer wir sind. Wir wissen, wo wir hingehen. Über den Heiligen Geist hat Gott uns das Geschenk der Violetten Flamme gemacht, um dorthin zu gelangen. So nutzen wir jeden Tag als Gelegenheit, diesen Schleier zu beseitigen, damit eines Tages dieses ganze Blatt gewendet werden kann und wir wieder an den Ort des Paradieses zurückkehren, um den Segen der Liebe im heiligen Kreise unserer Einheit zu erfahren.

Die Bürde unseres Karmas

Wir wissen, dass in den meisten heiligen Schriften dieser Welt von einer Geschichte über einen Mann und eine Frau und deren Sündenfall die Rede ist. Dies bezieht sich eigentlich auf unseren Abstieg und den Abstieg unserer Zwillingsseele aus der ätherischen Oktave - dem Ort der ursprünglichen Reinheit des Bewusstseins des goldenen Zeitalters - an den Ort, wo wir uns heute befinden, niedergedrückt durch das Weltenkarma, das auf uns lastet.

Es handelt sich dabei um die Last einer unverwandelten Energie, die beginnt, den ungehinderten, freien Fluss des Lichts im Herzen und in den Chakren zu beeinflussen, sodass diese Energieräder sich nicht mehr mit ihrer ursprünglichen intensiven Lichtgeschwindigkeit drehen können. Wir sind buchstäblich 'erdgebunden'.

Wir alle wissen, von welcher Schwere unser physischer Körper geprägt ist. Wir können alle an jedem gegebenen Tag nur so viel verrichten, wie uns möglich ist. Dann ist der Körper erschöpft, und wir müssen uns ausruhen und ihn wieder neu aufladen.

Dieser Abstieg ist also der Kernpunkt des Kummers. Der größte Kummer dabei ist natürlich die Trennung von der Begegnung mit der geliebten ICH BIN-Gegenwart von Angesicht zu Angesicht, der Begegnung mit der Person Christi, unserem Christus-Selbst bzw. mit unserem inkarnierten Lehrer, und daneben der Verlust der fortwährenden Gemeinschaft mit unserer Zwillingsseele.

An diesem Punkt beginnen wir, uns mit anderen Menschen ein Karma aufzuladen, und es kommt zu der langen Trennung, die über viele Leben andauern kann. Dies ist manchmal die Quelle von Depressionen und einem Gefühl des Nicht-Erfüllt-Seins im Leben.

Natürlich handelt es sich oft um eine Illusion, wenn Menschen sagen: "Ach, wenn jetzt nur meine Zwillingsseele hier wäre, dann wäre alles wunderbar. Ich kann mit dieser Person nicht zurecht kommen. Wir passen nicht richtig zusammen. Wir stimmen nicht überein. Wir denken nicht ähnlich." - All die Probleme eben, die in einer Beziehung auftreten.

Wir haben ein Gespür dafür, wie es idealerweise sein sollte, ein Gespür dafür, wer diese Person ist, und wir glauben, dass diese Person absolut, voll und ganz unsere Ergänzung sein wird, und dass all unsere Träume und Wünsche wahr werden.

Nun, ganz so ist es nicht. Wenn Sie nicht mit sich selbst zurechtkommen können, werden Sie auch nicht mit Ihrer Zwillingsseele oder Ihrem Seelenpartner zurechtkommen. In der Tat entwickeln auch Zwillingsflammen während der langen Phase ihrer Trennung unterschiedliche Persönlichkeiten. Sie unterliegen negativen Prägungen durch negative Erfahrungen. Inkarnierte Zwillingsseelen sind einander nicht unbedingt ähnlich. Es kann vorkommen, dass sie in ihrer Astrologie völlig miteinander kollidieren.

Ich erinnere mich an einen Astrologen, der Mark und mir einmal geraten hatte, dass wir niemals heiraten sollten, weil wir basierend auf unserer Astrologie auf keinen Fall miteinander zurechtkommen würden. Er war Steinbock und ich bin Widder - die Kombination eines Erdzeichens mit einem Feuerzeichen. Man sagt, dass entweder die Erde das Feuer ersticken oder das Feuer die Erde versengen wird. Ich jedoch sage: "Die Liebe überwindet alles".

AN BEZIEHUNGEN ARBEITEN

Nun, ich erkannte, dass es nur eine Möglichkeit gab, damit meine Beziehung mit Mark funktionierte - und die bestand darin, dass einer von uns beiden die

Führungsrolle übernehmen musste. Mark war hervorragend für diese Führungsrolle geeignet, da er der Lehrer meiner Seele war.

Ich verstand voll und ganz, wer in jener Beziehung wer war. Wenn ich es einmal nicht verstand, so wurde ich von Mark ganz schnell daran erinnert! So fand ich dies dankenswerterweise heraus, und wir lebten seitdem in Glück und Harmonie zusammen.

Ich war sehr glücklich in meiner Rolle als Schülerin von Mark. Er verkörperte für mich den Meister, wie es sonst kein anderer hätte tun können. Er war die einzige Person, die mich an die wahre Quintessenz meines eigenen Seins und zugleich an die Hingabe zu Christus heranführen konnte. Er kannte meine Seele, wie es kein zweiter tat. Für mich verkörperte er die Liebe des ganzen Universums. In seiner Nähe zu sein war und ist, wie von Gott eingehüllt zu sein.

Er kannte mich von Anfang an. Er wusste, was ich manifestieren sollte und was nicht Teil von mir war. Er wusste, was überflüssiges menschliches Bewusstsein war, das ich als Last in meinem Leben von all meinen zahllosen Unternehmungen mit so vielen Menschen und Situationen übernommen hatte.

Folglich war Mark hochqualifiziert, um mein Bewusstsein zu einem abrupten Erwachen angesichts dieser Diskrepanz zwischen meinem inneren göttlichen Wesen - das ICH BIN und das Sie sind, und das wir alle sind - und der gelegentlichen jämmerlichen und beschämenden Manifestation zu bringen. Diese Manifestation ist nicht etwa deshalb so beschämend, weil sie so 'schlecht' ist, sondern weil sie solch eine mittelmäßige Version dessen darstellt, was das innere Selbst in Wirklichkeit ist.

Wer einen solch perfekten Meister wie Mark hat, der einen wieder an die Kraft jener ursprünglichen Matrix anbinden kann, ist wie elektrisiert von dem Gefühl in seinem Innern, wer er wirklich ist und was er sein sollte. Mark Prophet galvanisierte mein Leben für Christus und enthüllte mir Christus als den Retter und Bräutigam meiner Seele.

Ihr wahres Selbst, Ihr heiliges Christus-Selbst und das heilige Christus-Selbst Ihrer Zwillingsseele sind es, die Sie und Ihre Zwillingsseele einander wie Magnete anziehen lassen - in dieser Welt und auch in der nächsten. "Und ich", um Jesus zu paraphrasieren, "werde, wenn das ICH BIN in mir erhöht ist, auch meine Zwillingsseele anziehen."

Folglich müssen wir an dieser Stelle nochmals zu der Aussage des Apostels Paulus zurückkehren, der sagte, dass "Fleisch und Blut nicht das Reich Gottes ererben können" (1. Korinther 15,50). Fleisch und Blut garantieren uns keine harmonische Beziehung mit irgendjemandem, auch nicht mit unserer Zwillingsseele. Die einzige Garantie liegt in Ihrer festen Entschlossenheit, an einer Beziehung hart zu arbeiten.

Es gibt keine Beziehung - keine Freundschaft, keine Beziehung zu unseren Kindern, Brüdern und Schwestern oder Verwandten und auch keine berufliche Partnerschaft - die, wenn sie von Dauer sein sollte, nicht auch Arbeit erfordern würde. Wir alle müssen etwas von uns selbst geben, und wir müssen viel geben, um diesen Austausch mit allen anderen zu gewährleisten.

Sie müssen also erkennen, dass die Persönlichkeiten zweier Zwillingsseelen, nachdem sie in Form von Inkarnationen und Umständen aller Art um die ganze Welt gekommen sind, sich auf Grund karmischer Umstände künstliche Reibungspunkte in ihrer Persönlichkeit zugezogen haben können. Werden diese als künstlich entlarvt, und dringen wir zum Kern der Dinge vor, dann befinden wir uns auf dem Fahrersitz, und wir werden Mitschöpfer Gottes.

Sie sehen also, dass Zwillingsseelen sich sehr wohl im Zuge verschiedener Inkarnationen gemeinsames Karma aufbürden, und dass auch dieses Karma ausgeglichen sein muss, bevor sie schließlich wieder vereint sein können. Daher kann zwischen Zwillingsseelen durchaus auch ein enormes Gefühl der Ungerechtigkeit herrschen.

Dies erklärt, was bei karmischen Ehen abläuft, wenn Menschen sich beständig bekämpfen, und man keinerlei Sinn in der Beziehung erkennen kann. Man wird sich also sagen: "Warum machen sie nicht einfach Schluss und trennen sich?! Das geht nun ja schon jahrelang so." Die nächste Neuigkeit lautet dann, dass sie wieder wie Turteltäubchen beisammen sind und wieder von vorn anfangen. Diese Situationen wiederholen sich immer und immer wieder – und niemand kann verstehen, was abläuft, außer den beiden Betreffenden selbst.

Natürlich handelt es sich hier um eine sehr gefährliche Angelegenheit, denn bei solch heftigen Szenen entsteht auch viel neues Karma. Letztendlich kann es sein, dass sie so selbstzerstörerisch werden, dass für diese Menschen die Lösung oft darin besteht, dass sie getrennte Wege gehen, *obgleich sie Zwillingsseelen sind, und obgleich sie ihr gemeinsames Karma noch nicht ausgeglichen haben.*

Ich kenne Zwillingsseelen, die sich das Leben und die Ehen zerstört haben. Hätten sie auch nur eine Ahnung vom Gesetz der Liebe gehabt, nach dem Liebe Gegenliebe erzeugt, und sich der Beziehung gegenüber verpflichtet gefühlt, so wären sie durchaus weitergekommen.

Ich habe Zwillingsseelen erlebt, die Alkoholiker oder Drogenabhängige waren. Ich habe erlebt, wie sie ihr Leben und das ihrer Kinder ruiniert und sich in Enttäuschungen gebadet haben. Und das Leben geht zu Ende. Sie treten von der Bühne des Lebens ab, in ihrer Seele zutiefst reumütig, dass man es mit Worten gar nicht ausdrücken kann, angesichts der Erkenntnis, dass sie jämmerlich versagt haben, was ihre Aufgabe betraf, sich in einen Körper zu inkarnieren, die alten Dinge aus dem Weg zu räumen und etwas Gutes zu bewirken.

SO BEREITEN SIE SICH AUF IHRE ZWILLINGSSEELE VOR

Sie müssen also bereit sein, wenn Sie Ihrer Zwillingsseele begegnen. Sie benötigen ein gutes Maß an Selbstbeherrschung. Sie müssen die Liebe stark genug lieben, um sie zu respektieren und Ihren inneren Frieden und Ihre Balance zu bewahren, wenn die alten Erinnerungen an frühere Kollisionen wieder auftauchen, um aufgelöst zu werden. Sie müssen an Ihrem Traum festhalten, sich von diesen unfreundlichen Worten, jener grausamen Kritik, jenen herabsetzenden Bemerkungen und allem anderen für immer verabschieden, was die Matrix des schönsten Geschenkes, das das Lebens Ihnen jemals machen wird - die perfekte Liebe - erschüttern könnte.

Geben Sie nach. Sie müssen nicht jeden Streit gewinnen. Bewahren Sie die Unbescholtenheit und die Selbstachtung der Person, die Sie lieben und garantieren Sie sich dadurch diese Qualitäten für sich selbst. Das Mantra Johannes des Täufers wird uns auf dem langen Weg des Opfers und der Hingabe begleiten, und uns zeigen, was eine wahre Ehe ausmacht: "Er muss wachsen, ich aber muss abnehmen" (Johannes 3,30).

Sie müssen sich also etwas hingeben, das größer ist als Ihre Zwillingsseele, und dieses höherstehende Etwas ist Gott. Sie müssen zuerst Gott lieben und sich Ihres Weges und Ihres Dienstes sehr sicher und entschlossen sein, um nicht dem Unfrieden oder den Schauspielen des menschlichen Egos sowie allen möglichen Arten der Maßlosigkeit - sei es Ihre eigene oder die Ihres Partners - zu erliegen.

Sie können nicht verlangen, dass jemand die Ergänzung Ihrer menschlichen Persönlichkeit mit all ihren Fehlern ist. Sie können nicht erwarten, dass jemand Ihnen Vater und Mutter, Bruder und Schwester, Geliebter, Ehemann bzw. Ehefrau und Sohn und Tochter zugleich ist, sodass in dem Moment, wo Sie den kleinsten Hauch eines Problems verspüren, diese Zwillingsseele oder dieser Ehepartner sofort einspringt und Sie auffängt - und alles ist wieder rosig.

Sie müssen beschließen, dass Sie für sich allein ganz und vollständig sind - hören Sie auf mit dem Schmollen, dem Selbstmitleid und dem beständigen Ringen um Aufmerksamkeit - dann werden Sie durch die Magnetwirkung Ihrer Ganzheit auch Ganzheit im anderen anziehen.

Lesen Sie oft den 1. Korinther 13 und legen Sie sich eine Abschrift des Gebets des heiligen Franziskus von Assisi auf Ihren Nachttisch, damit Sie nicht vergessen, dass wahre Liebe Selbsthingabe ist. Die Lektüre des 'Propheten' von Kahlil Gibran wird Ihre Erinnerung an den Segen der Liebe und der Ehe auffrischen. Wahre Liebe bedeutet Aufopferung. Sie bedeutet, den Geliebten *immer* voranzustellen.

Nun muss ich Ihnen auch mitteilen, dass Gott es manchmal, unter bestimmten Umständen, wenn zwischen Zwillingsseelen eine starke Diskrepanz besteht, so gestaltet, dass diese als Geschwister oder als Vater und Kind bzw. sogar als Geschlechtsgenossen inkarnieren.

Dies ist deshalb so, weil eine eheliche Beziehung in diesem Fall nicht fruchtbar wäre, sondern höchstwahrscheinlich auf Grund der Erinnerungen an das Verhalten in der Vergangenheit die Seelenentwicklung mehr behindern als fördern würde.

Es gibt im Kosmos nichts Schmerzhafteres als einen Streit zwischen zwei Zwillingsseelen, denn aus einem Streit im Kreis der Einheit entwickeln sich Krieg und alles andere Elend. Es schadet Gott dem Vater und der Mutter im Himmel und auf Erden.

Wenn Sie sich daran erinnern, als Kind einmal einen Streit zwischen Ihrem Vater und Ihrer Mutter mitverfolgt zu haben, dann wissen Sie, dass es keine schlimmere Erfahrung im Leben gibt. Es ist ein betäubender Schlag für alles Lebendige, dass diejenigen, die das hohe Amt des Vaters und der Mutter einnehmen, im Fluss dieser göttlichen Liebe irgendeine Dissonanz miteinander haben.

Für die Seelen der Zwillingsflammen ist dies ebenso schmerzhaft. In unserem Inneren möchten wir selbst nicht, dass dies geschieht, weil wir wissen, wie schädlich es ist. Wir wissen, dass es uns in den nachfolgenden

Inkarnationen getrennt halten wird. Wir müssen geben. Es gibt keine andere Möglichkeit.

Wir alle haben unsere menschlichen Schwächen. Wir alle haben unsere menschlichen Probleme. Wir haben menschliche Belange, die wir noch nicht überwunden haben. Wenn wir an unseren Ehepartner so denken, wie er nach dem Ebenbild des göttlichen Ehegatten geschaffen ist, als unser perfekter Partner, haben wir immer die Vorstellung, dass diese Person perfekt ist.

Wenn dieser Partner dann aber in unseren Augen nicht perfekt ist - was wir aus dem Zustand unserer eigenen 'Nicht-Perfektion' heraus beurteilen -, dann bekommen wir einen Wutanfall. Wir rasen und toben, wir stellen Forderungen, wir schreien, wir schluchzen. All dies kommt in allen Ehen dieser Welt vor, weil jemand von einer anderen Person erwartet, dass sie mehr ist als sie in Wirklichkeit ist, und dass sie besser ist als die betreffende Person selbst. Wenn wir selbst Fehler haben, möchten wir, dass der andere perfekt ist.

So stellen wir in einer Ehe Anforderungen an unsere Partner, die völlig unrealistisch sind. Aus diesem

Grund zerbrechen Ehen. Natürlich ganz zu schweigen davon, dass einer der Hauptgründe, weshalb die Menschen heiraten, allein die Sinneslust ist. Lässt man diese außer Acht, so werden all die anderen Nervenkriege mit ihren enormen Spannungen zwischen menschlichen Individuen zu einem horrenden Hieb gegen das göttliche Bild von Gott dem Vater und Gott der Mutter - also ein Hieb gegen die Ganzheit.

Ich empfehle Ihnen, über Ihr Selbst und Ihr Leben sowohl im göttlichen als auch im menschlichen Sinne des Wortes nachzudenken und zu erkennen, dass, wenn Sie die schöne Prinzessin oder den Ritter in der goldenen Rüstung in Ihr Leben ziehen möchten, erst *selbst* zum entsprechenden Gegenstück *werden* müssen. Betrachten Sie sich selbst. 'Schrubben' Sie dieses Karma mit Hilfe der Violetten Flamme und Meditationen ab und lösen Sie Ihre eigene hinderliche Mentalität auf.

Das einzig wahre Bestreben, das Sie bei der Suche nach Ihrer Zwillingsseele verfolgen sollten, lautet, Ihrer Zwillingsseele das Geschenk Ihrer Liebe, Ihres Selbst, Ihrer persönlichen spirituellen Errungenschaften sowie

Ihrer beruflichen Erfolge in der Außenwelt zu überreichen.

Welchen Blumenstrauß sind Sie bereit, Ihrer Zwillingsseele heute zu überreichen?

Ich möchte gern, dass Sie hierüber nachdenken, weil dies ein äußerst wichtiger Aspekt für das Verständnis Ihrer eigenen Psychologie ist. Sie sollten zunächst auf einem Blatt Papier definieren, was zu geben Sie in der Lage sind, und daraufhin niederschreiben, wovon Sie aufgrund von Ereignissen in der Vergangenheit und auch aufgrund Ihres gegenwärtigen Bewusstseins wissen, dass Sie nicht in der Lage sind zu geben.

Vielleicht sagen Sie sich: "Nun, eines kann ich nicht - ich kann nicht kochen. Ich kann für diese Zwillingsseele also keine Mahlzeit zubereiten." Ob Sie nun ein Mann oder eine Frau sind, manchmal möchten sicher auch Sie gern, dass jemand für Sie etwas kocht. Folglich sollten umgekehrt auch Sie selbst kochen lernen.

Betrachten Sie die Grundlagen des Lebens. Können Sie einen Zeitplan einhalten? Können Sie Freude in einen Haushalt bringen? Können Sie mit Kindern geduldig umgehen? Können Sie mit dem Kind in der

Person umgehen, von der Sie glauben, dass sie Ihnen eines Tages auf der Landstraße entgegenkommen wird?

Prüfen Sie, wie Sie mit sich selbst umgehen. Können Sie mit sich selbst zurechtkommen oder haben Sie Probleme mit sich? Sind Sie launisch? Kennen Sie Höhen und Tiefen?

Nun, wenn Sie die Harmonie zwischen den Blumen, die Sie anbieten können, und dem Unkraut, das Sie noch nicht in Ihrem Garten gejätet haben, bzw. die blanke Erde betrachtet haben, in die Sie noch keine einzige Blume gepflanzt haben, dann drehen Sie sich um und betrachten die Empfängerseite.

Stellen Sie sich vor, Sie seien die andere Person. Sie sind die andere Person, die sieht, wie Sie ihr auf der Straße entgegenkommen. Wird jemand Interesse an Ihnen finden? Wird diese wunderbare Person, die Sie sich vorstellen, Sie mögen? Falls sie so wunderbar ist, ist sie vielleicht so wunderbar, dass sie *zu* wunderbar ist! Vielleicht bemerkt diese Person Sie überhaupt nicht!

Mit anderen Worten, Sie müssen selbst ganz wunderbar werden, so wunderbar wie die Person, mit der

Sie zusammen sein möchten. Und Sie müssen das ganz real und wirklich werden und nicht nur in der Fantasie.

So, nun kommt die andere Person die Straße entlang. Vielleicht ist es Ihre Zwillingsseele. Sie sieht Sie - Sie stehen da - und läuft an Ihnen vorbei. Sie sagen: "Moment mal bitte. Du solltest eigentlich stehen bleiben, wenn du mir begegnest!"

Doch sie blieb nicht stehen, als sie auf Ihrer Höhe war, weil sie in Ihnen keinen Magneten entdecken konnte. Sie waren nicht in der Lage, diese Person, die Sie sich als Ihren göttlichen Gegenpol vorstellen, zu magnetisieren.

Nun, warum hatten Sie denn diese Fähigkeit nicht? Sie müssen sich vorstellen, wonach jene Person sucht. Sie wissen, was Sie von dieser Person erwarten. Sie kennen die Tugenden und Qualitäten. Wenn Sie selbst nicht die gleichen Tugenden und Qualitäten besitzen, nach welchen Sie selbst auf der Suche sind, dann wird die andere Person Sie nicht erkennen. Dann wird die Situation so sein wie bei der Begegnung zwischen zwei Fremden in einem Raum voller Menschen, die sich niemals gegenseitig ansprechen werden.

Viele Menschen glauben, dass alles in der "Verpackung" steckt, in der äußeren Erscheinung. Doch das ist nicht so. Die Äußerlichkeiten sind schnell abgelegt. Sie müssen Herz haben. Sie müssen Seele haben. Sie müssen bereit sein zu geben. Sie müssen auch bereit sein zu zeigen, dass Sie die Qualifikationen für diesen "Job" besitzen.

Für welchen Job? Genauer gesagt handelt es sich um einen Dienst. Das bedeutet: "Hier ist die Person Alpha. Dort ist die Person Omega. Ich möchte das Gegenstück zur jener Person sein. Ich muss in der Lage sein, dieser Person zu beweisen, dass ich für ihre Mission die Waage halten kann. Dass ich sie stützen kann. Dass ich ihr dienen kann. Ich kann dieser Person als ihr Gegenstück all die Qualitäten bieten, die sie braucht." Was immer diese Person tut - Sie müssen in der Lage sein, ihrem Leben etwas zu geben, was sie braucht, denn alle Beziehungen basieren auf Bedürfnissen.

In einer Beziehung müssen Sie sehr aufrichtig sein, weil Sie vielleicht schon vorab erkennen können, dass Sie nicht in der Lage sein werden, einen wichtigen Aspekt, den diese Person braucht, zu bieten, und Sie vielleicht auch umgekehrt erkennen, dass die andere Person nicht in der Lage sein wird, Ihnen das für Sie Nötige zu bieten. Sollten Sie derjenige sein, der dies erkennt, dann werden Sie auch das Karma tragen, diese Beziehung einzugehen, denn Ihr menschliches Selbst möchte es so, auch wenn Ihr Herz, Ihr Verstand und Ihre Seele wissen, dass es in Wirklichkeit nicht funktionieren wird.

Die Ursache dafür, das eine derartige Situation uns so beschäftigt, liegt darin, dass jeder von uns im Grunde ein tiefes Bedürfnis danach hat, sich zumindest mit einer Person im Leben auf eine sehr persönliche Weise zu verbinden.

Wenn wir also das Grundbedürfnis unserer Seele erkennen, 'einen Freund' im Leben zu haben, müssen wir genau betrachten, was wir an diesem Freund wirklich brauchen. Ein Freund, der dieses Bedürfnis nicht erfüllt, ein Freund, mit dem wir nicht im Austausch von Geben und Nehmen stehen können, der eine andere Schwingung hat, als die, die unserer Seele entspricht, wird nie zum Freund werden - im Gegenteil, er wird zur Last und zur Qual.

Wenn wir mit solch einer Person in einer Beziehung stehen, erkennen wir, dass wir unser Leben und deren Leben vergeuden. Wir haben nur ungefähr 70 Jahre und vielleicht ein bisschen mehr. Und wir haben Aufgaben, die wir erfüllen müssen.

Zur Ganzheit finden

Psychische Sublimierung ist eine Möglichkeit, um mit der fehlenden physischen Nähe des Freundes zurechtzukommen. Das bedeutet, dass man die gesamte Energie, die dieses Bedürfnis verschlingt, sowie die kreative Kraft für unser Leben an sich zusammennimmt und als Ziel in die Zukunft projiziert. Während wir uns auf dieses Ziel der perfekten Liebe ausrichten, üben wir uns in der Liebe für alles Lebendige. Wir lieben die Menschen, viele Menschen, individuell und persönlich, auf sehr tiefe Weise. Wir haben gute Beziehungen, wir haben gute Freunde.

Doch wir wissen, dass das, was wir suchen, und von dem wir wissen, dass es direkt hinter dem Schleier existiert, bereits da ist. In unserem Lernprozess der Selbstbeherrschung lernen wir, mit dieser Tatsache zu leben, und wir sagen uns: "Ich werde diese Windung auf dem Weg der Erfahrung durchlaufen. Ich werde mich nicht mit einem Ersatz zufrieden geben und mich nicht von meinem Ziel ablenken lassen." Es ist, als wüssten Sie, dass Sie sich mit einer bestimmten Person in Rom treffen werden, und Sie erkennen, dass es eine bestimmte Zeit erfordert, um dorthin zu gelangen.

Wenn wir den Prozess der Sublimierung, oder auch 'Ätherisierung', nicht verstanden haben, wenn wir ein Geschöpf sind, das nur aus Wünschen und Forderungen besteht - "Ich will, was ich will, und ich will es jetzt, und es *muss* jetzt sein" - werden wir in unserem Leben einen niedrigeren Standard akzeptieren müssen. Wir werden auch nicht die Kraft haben, für uns selbst das in unser Leben zu ziehen, was wirklich die Erfüllung sowohl der göttlichen Begegnung als auch des göttlichen Planes für diese Inkarnation ist.

Es ist also in Ordnung, das Bedürfnis anzuerkennen. Doch vergessen wir nicht, dass ein Bedürfnis auch zugleich bedeutet, dass keine Ganzheit vorliegt, und dass diese fehlende Ganzheit uns unvollständig sein lässt. Wenn wir unvollständig sind, konzentrieren wir uns nicht auf den göttlichen Magneten der Ganzheit, der für uns genau die Dinge anziehen kann, die wir benötigen, um unsere Ganzheit herzustellen.

Eine Zwillingsseele sucht sich nicht jemanden, weil sie sich um ihn kümmern will. Eine Zwillingsseele sucht Ihre Ganzheit, um die eigene Ganzheit zu ergänzen, sodass Sie, wenn Sie beide als ein vollständiger Alpha-Omega-Kreis zusammen sind, dem Leben dort dienen können, wo es nötig ist, damit Sie anderen dienen können, die noch nicht das Gesetz ihrer Ganzheit erkannt haben.

Wenn Sie sich also der Tatsache bewusst sind, dass Sie im wahrsten Sinne des Wortes in irgendeiner Weise unvollständig sind, dass Ihnen dieses oder jenes fehlt, so müssen Sie sich an die höchste Matrix Ihrer Ganzheit anschließen, die es gibt, und die sich jetzt in Ihrem Innern befindet. Es ist die Ganzheit Ihres

Christus-Selbst, die Ganzheit Ihrer ICH BIN-Gegenwart und Ihre vollständige und ewige, göttliche Vereinigung mit Ihrer Zwillingsseele.

Das müssen Sie genau hier und jetzt durch Affirmationen bestätigen. Sie müssen ein Gefühl des Friedens angesichts Ihrer derzeitigen Ganzheit verspüren - und das können Sie, weil dieser Friede bereits jetzt und hier in Gott für Sie existiert. Wenn Sie diesen Frieden gefunden haben - dann und nur dann - können Sie jedem Menschen, jedem Teil des Lebens, etwas bieten.

Wenn Sie den Frieden der Ganzheit in sich tragen, können Sie aus den vier Himmelsrichtungen nur noch mehr von dieser Ganzheit in Ihr Leben ziehen - mehr von dieser Bestätigung dessen, was Sie wissen, dass Sie sind, und was Sie in Wirklichkeit sind.

Während Sie also das Gefühl haben, die Matrix auszufüllen, während Sie verspüren, dass Sie früher oder später diesen Hunger stillen werden, sprechen Sie jetzt folgende Affirmation: "Ich bin erfüllt. Ich bin von Licht erfüllt."

Durch diese Affirmation, durch diese göttliche Haltung des 'Seins', werden Sie jede Person, jede

Situation und alle Umstände in Ihr Leben ziehen, die für die Erfüllung des kosmischen Zieles erforderlich sind. Dazu kann Ihre Zwillingsseele gehören oder auch nicht. Doch das ist nicht mehr bedeutsam, denn *Sie selbst sind Ihre Zwillingsseele.* "Ich und mein Vater sind eins. Ich und meine Mutter sind eins. Ich und meine Zwillingsseele sind eins - hier und jetzt!" *Und Sie sind niemals allein.*

Diese Aussage übersteigt Raum und Zeit, alle Entfernungen und die Illusion 'Maya'. Sie schenkt Ihnen Frieden und Harmonie. Weil Sie wissen, dass Sie ganz sind, ziehen Sie von Ihrem Kausalkörper des Lichts und von Ihrer ICH BIN-Gegenwart alle Tugenden, Faktoren und Talente, jegliche Unterstützung und Fülle, Schönheit und Freude sowie alle Weisheit auf sich, die Sie brauchen, um die Person zu sein, die Sie wirklich sind.

Wenn Sie zu dieser Person geworden sind, werden sich die Menschen auf Grund ihrer eigenen Bedürftigkeit von Ihnen magnetisch angezogen fühlen. Sie besitzen, in Ihrer Aura manifestiert, das, was diese Menschen brauchen. Daher kommen sie. Sie kommen, um gesättigt zu werden. Sie kommen, um zu hören. Sie kommen, um genährt zu werden. Sie kommen zu Ihnen, um Ihren professionellen Rat zu suchen. Sie kommen, weil Sie etwas besitzen, das sie selbst nicht haben.

Was Sie besitzen, ist jener einfache Schlüssel, jenes "ICH BIN DER ICH BIN. Hier und jetzt BIN ICH eins. Wir sind eins, Alpha und Omega sind eins, wo ICH BIN. Weder Zeit noch Raum können mich von meiner Zwillingsseele trennen, denn wir sind eins im Herzen Gottes."

So jemanden sucht jeder im Leben - die Person, die ganz ist und weiß, dass sie ganz ist und ihre gesamte Ganzheit benutzt, um die Wünsche und Mangelzustände auf der physischen Ebene, die letzten Spuren des Karmas und all die verschiedenen menschlichen Situationen zu verwandeln, die übrig geblieben sind, und mit welchen wir uns in unserem Leben noch befassen müssen.

Das ist also der Schlüssel zu Ihrer Vereinigung mit Ihrer Zwillingsflamme - und ich glaube, dass diese Affirmation Ihres Seins der Ausgangspunkt für ewiges Glück ist.

Denken Sie daran, dass das bloße Fehlen der Qualität der Freude und des Glücks Sie im Äußeren mehr berauben kann, als Sie sich jemals träumen lassen. Denken Sie also genau in dem Moment, in dem Sie merken, dass Sie ein wenig traurig werden, ein wenig Selbstmitleid empfinden, Ihre Laune ein wenig zu sinken droht - genau in diesem Moment: "Vielleicht habe ich den Kontaktfunken zu meiner Zwillingsseele verloren."

Ihre Zwillingsseele verdient es nicht, ständig Ihre Launen, Ihr Selbstmitleid und Ihre Nachgiebigkeit gegenüber sich selbst zu ertragen. Wenn Sie Ihre Zwillingsseele als das göttliche Gegenstück zu sich selbst sehen können, und Sie ein Gefühl der Ehrerbietung für Gott in Ihrem Leben haben, dann mögen Sie sich in solch einem Moment selbst betrachten und zu sich sagen: "Möglicherweise bin ich es jetzt nicht wert, aber ich werde es schon in einer Stunde wert sein. Ich werde mich erneuern, sodass ich für Gott, die Engel und die Meister unwiderstehlich sein werde. Sie werden mit mir umherwandeln und sich mit mir unterhalten. Sie werden es genießen, Gast in meinem Haus zu sein. Meine Zwillingsseele wird mich suchen und finden."

Entscheiden Sie sich also, wer Sie sind. Entscheiden Sie, was Sie tun müssen. Fragen Sie Gott. Gehen Sie dann hinaus und finden Sie die Menschen, die zu Ihrem Team gehören - Ihrem Gruppenkarma - für den Dienst an der Welt.

Lasst uns heute beginnen, machen wir uns auf und handeln. Gott finden wir nur, wenn wir handeln - Gott in uns selbst und in unserer Zwillingsseele.

Ich liebe dich!

A

Ich und mein Vater sind eins.
Ich und meine Mutter sind eins.
Ich und meine Zwillingsseele sind eins.
Wir sind eins hier und jetzt!

Ω

Die bildliche Darstellung Ihres göttlichen Selbst

Sie haben ein einzigartiges spirituelles Schicksal. Einer der Schlüssel, um dieses Schicksal zu erfüllen, besteht darin, Ihre göttliche Natur und Ihre Beziehung zu Gott zu verstehen.

Um Ihnen diese Beziehung verständlicher zu machen, haben die Aufgestiegenen Meister eine grafische Darstellung Ihres göttlichen Selbst, das sie auch 'Lebensbaum' nennen, entworfen. Diese Abbildung zeigt Sie und Gott in Ihnen. Es ist ein Diagramm von Ihnen persönlich - Vergangenheit, Gegenwart und Zukunft.

Die ICH BIN-Gegenwart und der Kausalkörper

Die Darstellung Ihres göttlichen Selbst zeigt drei Gestalten, entsprechend den drei Personen der Dreifaltigkeit und der göttlichen Mutter. Die Abbildung ganz oben entspricht dem Vater (der eins ist mit der Mutter) und stellt Ihre ICH BIN-Gegenwart dar. Die ICH BIN-Gegenwart ist die Präsenz Gottes, die für jeden von uns individuell unterschiedlich ist. Sie ist Ihr ganz persönliches ICH BIN DER ICH BIN, der Name Gottes, der Mose am Berg Sinai offenbart wurde.

Ihre ICH BIN-Gegenwart ist von sieben konzentrischen Hüllen aus regenbogenfarbenem Licht umgeben, die Ihren Kausalkörper bilden. Diese Hüllen Ihres Kausalkörpers sind die Speicher für alles Wahre und Dauerhafte, was Sie betrifft. Sie enthalten die Aufzeichnungen aller guten Taten, die Sie zum Ruhme Gottes sowie zum Segen der Menschheit über viele Inkarnationen auf der Erde hinweg vollbracht haben.

Zwei Kausalkörper sind niemals identisch, denn ihre schimmernden Kugelkörper reflektieren die einzigartigen spirituellen Errungenschaften der Seele. Die besonderen Eigenschaften, die Sie im Laufe Ihrer vergangenen Leben entwickelt haben, bestimmen die Gaben und Talente, mit welchen Sie in einem der nachfolgenden Leben geboren werden. Diese Talente sind in Ihrem Kausalkörper gespeichert und stehen Ihnen über Ihr Höheres Selbst zur Verfügung.

Das heilige Christus-Selbst

Unser Höheres Selbst, oder heiliges Christus-Selbst, ist auf der Darstellung Ihres göttlichen Selbst als die Gestalt in der Mitte abgebildet. Ihr heiliges Christus-Selbst ist Ihr innerer Lehrer, Wächter und bester Freund. Es ist auch die Stimme Ihres Bewusstseins, die in Ihrem Herzen und Ihrer Seele spricht. Es trifft in Ihnen die Unterscheidung zwischen Gut und Böse und lehrt Sie, Recht und Unrecht zu unterscheiden.

Direkt über dem Kopf des heiligen Christus-Selbst befindet sich die Taube des Heiligen Geistes, die mit dem Segen Gottes des Vaters und der Mutter hinabfährt.

Der breite weiße Lichtstrahl, der von der ICH BIN-Gegenwart durch das heilige Christus-Selbst zur unteren Gestalt in der Abbildung herunter scheint, ist das kristalline Band. Beim Prediger Salomo wird es als Silberschnur bezeichnet (Salomo 12,6). Durch diese 'Nabelschnur' strömt ein Wasserfall von Gottes Licht und Bewusstsein. Dieser Lebensstrom schenkt uns die Kraft zu denken, zu fühlen, logisch zu argumentieren, das Leben zu erleben und spirituell zu wachsen.

Ihr göttlicher Funke und Ihre vier niederen Körper

Die Energie Ihres kristallinen Bandes nährt und erhält die Flamme Gottes, die in der Geheimkammer Ihres Herzens verborgen ist. Diese Flamme wird als 'dreifaltige Flamme' oder 'göttlicher Funke' bezeichnet. Sie ist im wahrsten Sinne des Wortes ein Funke des heiligen Feuers aus Gottes eigenem Herzen.

Die dreifaltige Flamme besteht aus drei 'Zungen'. Diese Feuerzungen verkörpern die drei Grundeigenschaften Gottes und entsprechen der heiligen Dreifaltigkeit. Der weiße Kern, dem die dreifaltige Flamme entspringt, stellt die Mutter dar.

Während Sie die dreifaltige Flamme in Ihnen visualisieren, betrachten Sie zunächst die blaue Feuerzunge zu Ihrer Linken. Sie verkörpert Gottes Macht und entspricht dem Vater. Die gelbe Feuerzunge in der Mitte verkörpert Gottes Weisheit und entspricht dem Sohn. Die pinkfarbene Feuerzunge auf der rechten Seite verkörpert Gottes Liebe und entspricht dem Heiligen Geist. Indem Sie die Stärke, die Weisheit und die Liebe, die in Ihrer dreifaltigen Flamme verankert sind, anzapfen, können Sie Ihren Existenzgrund erfüllen.

Die untere Gestalt in der Abbildung stellt Ihre Seele dar. Ihre Seele wird von vier verschiedenen 'Körpern' umhüllt, den so genannten vier niederen Körpern:

1) dem Ätherleib,
2) dem Mentalkörper,
3) dem Körper der Sehnsüchte und
4) dem physischen Körper. Sie alle sind das Gefährt unserer Seele für ihre Reise auf Erden.

Ihr Ätherleib, auch 'Körper der Erinnerungen' genannt, beherbergt die Matrix Ihrer Identität. Er enthält auch die Erinnerung an all das, was jemals in Ihre Seele eingedrungen ist, sowie alle Impulse, die seit dem Tag Ihrer Schöpfung jemals durch Ihre Seele ausgesandt wurden. Ihr Mentalkörper ist das Gefäß für all Ihre kognitiven Fähigkeiten. Ist es rein, kann es zum Behältnis für den Geist Gottes werden.

Der Körper der Sehnsüchte, auch als Emotionalkörper bezeichnet, beherbergt Ihre höheren und niederen Wünsche und speichert Ihre Emotionen. Ihr physischer Körper ist das Wunder aus Fleisch und Blut, das es Ihrer Seele ermöglicht, im materiellen Universum vorwärts zu kommen.

Die untere Gestalt in der Abbildung entspricht dem Heiligen Geist, denn Ihre Seele und die vier niederen Körper sind dazu bestimmt, den Tempel für den Heiligen Geist zu bilden. Die untere Gestalt wird von der Violetten Flamme eingehüllt – das verwandelnde, spirituelle Feuer des Heiligen Geistes. Sie können die Violette Flamme täglich anrufen, um Ihre vier niederen Körper zu reinigen und negative Gedanken, Gefühle und negatives Karma aufzulösen.

Die Violette Flamme wird von der Lichtsäule umgeben, die als Antwort auf Ihren Ruf von Ihrer ICH BIN-Gegenwart herabkommt (s. S. 164). Es handelt sich dabei um einen Zylinder aus weißem Licht, der 24 Stunden pro Tag um Sie herum ein schützendes Kraftfeld aufbaut, solange Sie Ihre Harmonie bewahren.

Die göttliche Mutter bündelt ihre Energie in uns und schickt sie durch das heilige Feuer Gottes, das wie eine Lichtfontäne durch unsere Chakren aufsteigt. 'Chakren' ist die Sanskritbezeichnung für die spirituellen Zentren im Ätherleib. Jedes Chakra regelt den Energiefluss in einem anderen Teil des Körpers. Die sieben Hauptchakren sitzen entlang der Wirbelsäule von der Basis der Wirbelsäule bis zum Scheitel.

Das Schicksal der Seele

Die Seele ist das lebendige Potenzial Gottes. Sinn und Zweck der Entwicklung der Seele auf Erden besteht darin, sozusagen unter der 'Schirmherrschaft' des heiligen Christus-Selbst perfekt zu werden und über die Vereinigung mit ihrer ICH BIN-Gegenwart im Ritual des Aufstiegs zu Gott zurückzukehren. Die Seele kann dabei zahllose Inkarnationen durchleben, bevor sie perfekt geworden und es dadurch wert ist, sich wieder mit Gott zu vereinen.

Was geschieht eigentlich mit der Seele zwischen den Inkarnationen? Wenn die Seele ein Leben auf Erden abgeschlossen hat, zieht die ICH BIN-Gegenwart die Silberschnur ein. Die dreifaltige Flamme kehrt zum Herzen des heiligen Christus-Selbst zurück, und die Seele wird auf die höchste Ebene des Bewusstseins gezogen, die sie während all ihrer Inkarnationen erreicht hatte.

Hat es die Seele verdient, so wird sie zwischen den Inkarnationen in den Rückzugsorten oder spirituellen Heimen der Aufgestiegenen Meister in der Himmelswelt geschult. Dort lernt sie von Engeln und Meistern der Weisheit, die auf ihrem Spezialfeld bereits die Meisterschaft errungen haben.

Der Aufstieg ist die Krönung aller Leben der Seele in ihrem Dienst am Leben. Damit die Seele diese letztendliche Vereinigung mit Gott erreichen kann, muss sie mit ihrem Christus-Selbst eins werden. Sie muss mindestens 51 Prozent ihres Karmas ausgleichen (die Schuld begleichen) und ihre Mission auf Erden gemäß ihrem göttlichen Plan erfüllen. Wenn Ihre Seele wieder zu Gott aufsteigt, werden Sie zum Aufgestiegenen Meister werden, befreit vom Rad des Karmas und der Wiedergeburt, und Sie werden die Krone des ewigen Lebens erhalten.

Anmerkung:
Sie können die Darstellung Ihres göttlichen Selbst auf Ihren persönlichen Altar stellen, an dem Sie beten und meditieren, um sich auf Ihre göttliche Realität auszurichten.

Gebete und Dekrete für Zwillingsseelen

Anrufung an den Erzengel Michael um Schutz

Gebet

Im Namen meiner mächtigen ICH BIN-Gegenwart rufe ich euch nun um den Sieg meiner Zwillingsseele an, auf dass meine Zwillingsseele durch die Kraft der mächtigen blauen Flamme und des Schwertes des Erzengels Michael freigeschlagen wird. Legionen des Lichts, werdet jetzt aktiv!

Wo auch immer meine Zwillingsseele sein mag, schlagt sie frei. Schlagt mich frei. Schlagt uns jetzt frei, damit wir den göttlichen Plan erfüllen und uns auf der Ebene des Christus und auf der Ebene unserer Chakren vereinen. Falls es der Wille Gottes sein sollte, dann führt uns für einen lebenslangen Dienst zusammen.

Wir danken euch und nehmen an, dass dies noch zu dieser Stunde mit voller Kraft gemäß dem Willen Gottes geschieht. Amen.

[Sprechen Sie folgendes Dekret dreimal oder öfters mit intensiver Hingabe laut, und wiederholen Sie den Refrain nach jedem Vers:]

1. *Manifestiert den Schutz des Lichts -*
Heilige Bruderschaft in Weiß,
Du Licht Gottes, das niemals versagt,
Halt' uns in deinem perfekten Blick!

Refrain:
ICH BIN, ICH BIN, ICH BIN
Die mächtige Kraft des Schutzes.
ICH BIN, ICH BIN, ICH BIN
Geschützt zu jeder Stund'.
ICH BIN, ICH BIN, ICH BIN
Ein mächtiger Schauer der Perfektion.
Jetzt offenbart, offenbart, offenbart!

2. *Erzengel Michael, mächtig und wahr,*
Schütze uns mit deinem blauen Lichtschwert.
Halt' uns stets im Zentrum des Lichtes
Gleißender Rüstung, die strahlt so hell.

3. *Um uns lass' dein Schwert des Glaubens erstrahlen -*
Du mächtige Macht voll heiliger Anmut,
ICH BIN unschlagbarer Schutz immerdar
Durch den Strom deiner leuchtenden Strahlen!

Zur Verwandlung des Karmas von Zwillingsseelen

Gebet

Im Namen Christi rufe ich die gesegnete ICH BIN-Gegenwart unserer Zwillingsseelen an, um unsere Herzen für den Sieg unserer Mission zum Wohle der Menschheit zu einem zu verschmelzen.

Ich rufe das Lichts des Heiligen Geistes an, um alles negative Karma zu verzehren, das verhindern könnte, dass unsere göttliche Identität und die Erfüllung unseres göttlichen Plans voll und ganz zum Ausdruck kommen.

[Wiederholen Sie das folgende Mantra zur Violetten Flamme sowie die Dekrete jeweils drei Mal oder ein Vielfaches von drei. Visualisieren Sie, wie die Violette Flamme Sie und Ihre Zwillingsflamme einhüllt. Sehen Sie, wie sie Ihre Auras reinigt und jede negative Energie augenblicklich in das Licht Gottes verwandelt.]

ICH BIN ein Wesen des Violetten Feuers!
ICH BIN die Reinheit, die Gott wünscht!

ICH BIN
die Violette Flamme

ICH BIN die Violette Flamme
Die jetzt in mir brennt.

ICH BIN die Violette Flamme
Und beuge mich nur dem Licht.

ICH BIN die Violette Flamme
In all ihrer kosmischen Kraft.

ICH BIN das Licht Gottes
Das ständig scheint.

ICH BIN die Violette Flamme
Die glüht wie eine Sonne.

ICH BIN Gottes heilige Kraft,
Die jeden befreit.

Strahlende Spirale der Violetten Flamme

Strahlende Spirale der Violetten Flamme,
Komm' herab und lodere in mir!
Strahlende Spirale der Violetten Flamme,
Befreie, befreie, befreie!

Strahlende Violette Flamme, oh komm',
Nun breite dein loderndes Licht in mir aus!
Strahlende Violette Flamme, oh komm',
Enthülle die Kraft Gottes für alle sichtbar!
Strahlende Violette Flamme, oh komm',
Erwecke die Erde und befreie sie!

Strahlung der Violetten Flamme,
Nun dehne dich lodernd aus in mir!
Strahlung der Violetten Flamme,
Breite dich aus, für alle sichtbar!

Strahlung der Violetten Flamme,
Errichte der Gnade Vorposten hier!
Strahlung der Violetten Flamme,
Nun komm' und verwandele alle Angst!

DEKRETE FÜR HERZ, KOPF UND HAND

HERZ

Violettes Feuer, oh du göttliche Liebe,
Lodere in meinem Herzen!
Du bist Gnade für immer wahr,
Halte mich stets in Einklang mit dir.

KOPF

ICH BIN Licht, du Christ in mir,
Befreie meinen Geist für immer.
Violettes Feuer, leuchte stets
Tief in diesem meinem Geist.

Gott, der du mir schenkst mein täglich' Brot,
Erfülle meinen Kopf mit violettem Feuer,
Bis deine himmlische Ausstrahlung
Aus meinem Geist einen Lichtgeist macht.

Hand

ICH BIN die Hand Gottes in Aktion,
Die jeden Tag den Sieg davonträgt.
Die höchste Freude meiner reinen Seele
Ist es, den goldenen Mittelweg zu gehen.

SÄULE DES LICHTS

Oh, geliebte göttliche ICH BIN-Gegenwart
Umhülle mich mit deiner Säule aus Licht,
Das stammt von Aufgestiegener Meister
Flammen,
Die ich anflehe in Gottes Namen.
Möge es meinen Tempel befreien
Von allem, das versucht, uns zu entzweien.

ICH rufe hervor die Violette Flamme,
Alle Sehnsüchte zu erhellen und zu
verwandeln.
Sie möge brennen in Freiheits Namen,
Bis ICH BIN eins mit der Violetten Flamme.

Vergebung

ICH BIN die hier wirkende Vergebung,
Die alle Zweifel und Furcht überwindet,
Und die Menschen immerwährend
Durch ihre Flügel des kosmischen Sieges
befreit.

ICH BIN der Ruf in voller Kraft,
Der stündlich nach Vergebung strebt.
Ich verströme meine verzeihende Gnade
An alle Lebewesen an jedem Ort.

Versorgung

ICH BIN frei von Angst und Zweifel,
Treib' Verlangen und Elend aus.
Weiß, dass immer die gute Gabe
Aus den höchsten Reichen kommen wird.

ICH BIN die Hand Gottes eig'ner Quelle,
Ausströmend die Schätze des Lichts.
Ich empfange nun die ganze Fülle
Um jede Not im Leben zu stillen.

Perfektion

ICH BIN das Leben, unter Gottes Führung,
Durchflute mich mit deinem Licht der
Wahrheit,
Richte hierher Gottes Perfektion,
Von aller Zwietracht befreie mich.

Veranker' mich fest und für immer
In der Gerechtigkeit deines Plans -
ICH BIN die Gegenwart der Perfektion
Die das Leben Gottes im Menschen lebt!

Verklärung

ICH BIN beim Wechseln aller meiner
Kleidung,
Leg' Altes ab, für den strahlend neuen Tag.
Mit der Sonne des Verstehens,
BIN ICH erleuchtet ganz und gar.

ICH BIN Licht innen wie außen.
ICH BIN was immer Licht ist.
Erfülle mich, befreie mich, preise mich!
Versiegle mich, heile mich, reinige mich!
Bis sie sagen, dass ich verwandelt bin:
Ich scheine wie der Sohn,
Ich scheine wie die Sonne!

Auferstehung

ICH BIN die Flamme der Auferstehung,
Durchflute mich mit Gottes reinem Licht.
Jetzt beschleunige ich jedes Atom
ICH BIN befreit von allen Schatten.

ICH BIN das Licht von völliger
Gottes-Gegenwart.
ICH BIN das Leben in immerwährender
Freiheit.
Die Flamme des ewigen Lebens
Erhebt sich nun zum Sieg.

DER AUFSTIEG

ICH BIN das Licht des Aufstiegs,
Der Sieg, der frei fließt.
Letzlich siegte all das Gute
Für alle Ewigkeit.

ICH BIN Licht, alle Last ist gewichen.
Ich erhebe mich in die Luft.
Mit ganzer Gotteskraft vergieße ich an alle
Mein wundersames Lied des Lobpreises.

Oh Jubel! ICH BIN der lebendige Christus,
Der ewig Liebende.
Aufgestiegen nun mit ganzer Gotteskraft,
ICH BIN eine strahlende Sonne!

272 Seiten, broschiert
€ [D] 8,95 / sFr 16,50
ISBN 3-89845-107-0

Elizabeth C. Prophet / P. R. Spadaro

CHAKREN – Deine 7 Energiezentren

Dieses Buch vermittelt – basierend auf der Lehre vom feinstofflichen Energiesystem unseres Körpers – kraftvolle Einsichten und Werkzeuge, um wieder heil und ganz zu werden. Quelle dieses Wissens sind verschiedenste spirituelle Traditionen, die uns anleiten, wie wir unsere Seele über die sieben Schritte des persönlichen Wachstums voranbringen können. Dieses Werk beinhaltet darüber hinaus ganzheitliche Techniken zur Wiederherstellung der energetischen Balance unseres Körpers – angefangen bei Homöopathie über Vitamine und Heilbäder bis hin zur Arbeit mit Meditationen, Affirmationen und Visualisierungen.

288 Seiten, broschiert
€ [D] 8,95 / sFr 16,50
ISBN 3-89845-060-0

Elizabeth C. Prophet & P. R. Spadaro

Karma in der Praxis

– Die Zukunft gestalten

Klein in Format und Preis – groß im Inhalt: »Karma in der Praxis« behandelt anschaulich die Themen Karma und Reinkarnation. Der Leser erfährt anhand von praktischen Beispielen, wie Aktionen aus seinem früheren Leben – gute oder böse – mit seinem heutigen Leben zusammenhängen. Er lernt aber auch viel über Gruppenkarma und erfährt, was die großen Lehrer der westlichen und östlichen Welt, wie z. B. Jesus und Konfuzius, über Karma und Reinkarnation lehrten. Doch vor allem lernt der Leser, wie er karmische Begegnungen als große Chancen für seine Zukunft zu nutzen vermag.

Elizabeth C. Prophet & P. R. Spadaro

Alchemie des Herzens

Wer mehr liebt, wird mehr geliebt

256 Seiten, broschiert
€ [D] 8,95 / sFr 16,50
ISBN 3-89845-050-3

In einem Fünf-Punkte-Programm wird das Herz des Lesers allmählich in eine höhere Frequenz seiner Liebesfähigkeit geführt. Anhand von Meditationen und Affirmationen lernt er, wie er sein Herz stärkt und heilt und wie er es weiterhin vor niedrigen Schwingungen schützt, bis er schließlich ganz in sein Herz eindringt. So mit der göttlichen Liebe und seinem höheren Selbst vereint, kann er sich alle Fragen, die ihn bewegen, beantworten zu lassen. Dieses Buch ist im wahrsten Sinne ein Herzensjuwel, auf dem Weg zu einer höheren Liebe.

Elizabeth Clare Prophet

Die Violette Flamme

Heilung für Körper, Geist & Seele

128 Seiten, broschiert,
€ [D] 5,95 / sFr 11,10
ISBN 3-89845-049-X

Die Violette Flamme ist ein Licht, das allen Lebensformen dient und ihnen Achtung und Würde verleiht. Sie ist ein Mittel, sich untereinander zu verbinden und eine Form spiritueller Energie. Sie ist das Attribut des geheimnisvollen Grafen St. Germain, dessen Botschaften E. C. Prophet unter anderem channelt. Heiler und Alchemisten in aller Welt nutzen diese hochfrequente Energie, um Harmonie und Frieden in diese Zeit des spektakulären Übergangs in ein neues Bewusstsein zu bringen. Der Leser erhält in diesem Band unserer “Kleinen Reihe” das Rüstzeug, um mit der Violetten Flamme zu arbeiten.

128 Seiten, broschiert
€ [D] 5,95 / sFr 11,10
ISBN 3-89845-049-X

Elizabeth Clare Prophet

Mit Engeln arbeiten

Dieses Buch bringt einem bei, wie man mit Engeln Freundschaft schließt, sodass diese bereit sind, ihre Hilfe uns zukommen zu lassen. Denn wir haben sie um ihre Hilfe zu bitten. Erst dann dürfen sie uns helfend zur Seite stehen. Hier werden die praktischen Schritte in einem Zehn-Punkte-Programm aufgezeigt, wie man sich mit ihnen in Verbindung setzt, sich weiterhin ihrer Hilfe vergewissert und in Zusammenarbeit mit ihnen viel Gutes für sich und andere bewirkt.
Dieses Büchlein ist nicht nur ein Ratgeber, sondern vor allem eine praktische Anleitung, seinem Leben mit Hilfe der Engel eine höhere Qualität zu geben.

208 Seiten, broschiert
€ [D] 7,95 / sFr 14,70
ISBN 3-89845-096-1

Helga Schaub

Befreiung von Dunkelmächten

Engel als Boten Gottes auf Erden sind seit jeher fester Bestandteil der Mythen, Erzählungen und Kunstwerke nahezu aller Kulturkreise. Dennoch leben wir in einer polaren Welt, in der gilt: wo Licht ist, da ist auch Schatten. Dieses Buch widmet sich daher bewusst der häufig vernachlässigten „anderen Seite“, den Dunkelmächten. Mit Hilfe dieses Buches lernen wir nicht nur die verschiedenen Erscheinungsformen des Bösen zu erkennen, sondern es bietet daneben ganz konkrete Hilfestellungen für Betroffene, damit diese – wie auch ihre Besetzer – den Weg zurück ins Licht finden.